アドラー・セレクション

Adler Selection

子どもの教育

The Education of Children

アルフレッド・アドラー
Alfred Adler

岸見一郎[訳]
Ichiro Kishimi

アルテ

Alfred Adler
The Education of Children

Gateway Editions, Ltd., 1970 (Original: 1930)

目次

子どもの教育

第一章　序　論

心理学の見地からすると、教育の問題は、大人の場合、自分を知ることと、自分で自分を方向づけることである。このことは子どもの教育についても当てはまるが、次のような違いがある。子どもは成熟していないので、指導という問題が——これは大人の場合もまったくないというわけではないが——とりわけ重要になるということである。もしも望むのであれば、子どもたちに好きなように成長することを許すことができる。そして成長するために二万年ほどの歳月と好ましい環境があれば、子どもたちは、ついには文明化された大人の世界の行動基準に近づいていくだろう。しかしこのような方法はもちろん問題外であり、大人は子どもが成長する際、子どもを指導することに関心を持たないわけにはいかない。

　ここで無知が大きな妨げになる。大人にとってすら、自分自身を知ること、自分の感情、好き嫌いの原因を知ること、一言でいえば自分自身の心理を洞察することは困難である。したがって、自分だけでなく子どもたちをも理解し、しかるべき知識に基づいて子どもたちを指導することは、二重に困難になるのである。

個人心理学は、特に子どもの心理に関わってきた。それ自体に意義があるからでもあるが、子どもの心理から逆に大人の性格特性や行動様式を明らかにすることができるからである。

個人心理学は他の心理学説と違って、理論と実践の間に隔たりがあることを許さない。個人心理学はパーソナリティが統一したものであると捉え、パーソナリティを発達させ表現しようとする動的な努力を研究する。このような見地からすると、理論知は実践知でなければならない。なぜなら、その知識は失敗や誤りについて教えるのであるから、この知識を持てば誰でも――心理学者であれ、親であれ、友人であれ、あるいは当人であれ――問題となっているパーソナリティを導く際に、その知識がすぐに実際に適用されるのを見ることになるからである。

この個人心理学の学説は、その方法論のゆえに、有機的全体として筋道の通ったものとなっている。個人心理学の見解では、個人の行動は、統一されたパーソナリティによって動機づけられ、それに応じて方向を定められるので、個人心理学が人間の行動についていっていることは、精神活動において示されるのと同じ相互関係を反映しているからである。それゆえ、この初めの章では、個人心理学の見解を全体として説明し、後の章で、ここで話題に出される相互に関連のあるさまざまな問題を詳しく扱うことになる。

人間の発達における基本的な事実は、精神は動的なものであり、目的を目指して努力するということである。子どもはそのもっとも早い乳児の頃から、絶えず成長しようと努力する。この努力は意識的に形作られたものであるが、常に存在する目標、即ち、偉大であること、完全であること、優れていることという理想と一致している。この努力や目標を設定する活動は、もちろん思考と想像力という人間独自の能力を反映したものであり、一生を通じてわれわれの固有の行動のすべてを支配している。それはまた、われわれの思考すら支配している。なぜなら、われわれは客観的に考えるのではなく、われわれが形成してきた人生目標とライフスタイルに一致した形で考えるからである。

パーソナリティの統一性は、人間各人の統一性に示されている。すべての人はパーソナリティの統一性と、その統一性を個人が独自に形成する作用の両方を表している。したがって、人は絵であると同時に画家でもある。しかし、画家として完全無欠な職人でも、精神と身体について完璧な理解をしている人間ではない。むしろ、どちらかといえば、誤りを犯すことがありうる不完全な人間なのである。

パーソナリティの構造を考察する時に目につく最大の欠点は、パーソナリティの統一性、それに特有のライフスタイル、人生目標が客観的な事実ではなく、人が人生の事実について持つ主観的な見解に基づいて形作られているということである。事実についての概念や見解は、決してそれ自体事実ではない。同じ事実の世界に生きているすべての人が、めいめい異なった仕方で、ライフスタイル、人生目標を形作るのは、まさにこの理由に基づいている。各人は、事物についての個人的な見解に従って自分を作り上げる。この見解のあるものは健全なものであるが、あるものはあまり健全なものではない。そこで、成長する際の個々の誤りや失敗に常に対処しなければならない。特に、ごく幼い頃に人生についていつのまにかなされた誤った解釈に対処しなければならない。なぜなら、この誤った解釈が、われわれのその後に続く人生を支配することになるからである。

　このことの具体的な例を次のケースに見ることができる。五十二歳のこの女性は、いつも自分より年上の女性のことをけなしていた。小さな子どもだった時に、あらゆる注目を得ていた姉のためにいつも恥をかかされ、過小評価されていると感じていたことを思い出した。このケースをいわゆる個人心理学の「垂直的」見方で見ると、彼女の人生の最初にも、現在、即ち、人生の終わりにも、同じ心理メカニズム、心理的な力動をいつも見ることができる。過小評価されることを怖れ、他の人がひいきされたり、自分よりも好まれているのを見ると、怒り、いらだつのである。たとえこの女性の人生について他の何も知らなくても、あるいは、彼女に特有のパーソナリティの統一性についてそれ以上のことを何一つ知らないとしても、何か二つの事実が与えられれば、それに基づいてわれわれの知識の欠落をほとんど埋めることができるであろう。心理学者はここで小説家のようにふるまう。小説家は、人間を一定の行動の線、ライフスタイル、あるいは行動パターンで構築しなければならない。優れた心理学者であれば、ある状況でこの女性がどんな行動をするかを予言し、彼女のパーソナリティのこの固有の「生命線」（ライフスタイル）に伴う性格特性をはっきり述べることができるであろう。

　個人のパーソナリティを形成することの原因となる努力や、目標を目指す活動は、もう一つの重要な心理的事実を前提とする。劣っているという感覚、即ち、劣等感である。どの子どもも生まれついての劣等感を持っている。しかし、どの子どもも、想像力をかき立てる劣等感を持っており、状況を改善することによって、劣等感を消そうとする。状況を改善すれば劣等感は減少する。これは心理学的見地から補償といわれるものである。

　さて、劣等感と心理的補償のメカニズムについて重要なことは、誤りを犯すという可能性へと道を開くということである。劣等感があることで、客観的に成功することを目指すようになるかもしれない。他方、ただ精神的に適応するようになるだけかもしれない。そのことで個人的な現実と客観的な現実との間の溝を広くすることになってしまう。あるいはまた、劣等感は大変悲惨なものに見えるので、それを克服するには、心理的な補償を発達させることしかないかもしれない。それは結局のところ、状況を少しも改善しないかもしれないが、それにもかかわらず、心理的には必要で不可避なものである。

　例えば、補償的な性格特性の発達を非常にはっきりと示す子どもには三種類ある。まず、虚弱な、あるいは、劣等器官を持ってこの世に生まれてくる子ども、次に厳しく育てられ愛されなかった子ども、第三に甘やかされた子どもである。

　この子どもの三つのタイプは、三つの根本的な状況を例示するものと見ることができる。これに基づいて、普通の子どもを研究し理解することができる。すべての子どもが身体に障害を持って生まれてくるわけではないが、驚くほど多くの子どもが、程度は異なるものの、ある身体的な困難な器官に基づいた心理的な特性を示すので、この特性の原型を身体に障害のある子どもの極端な場合において研究することができるからである。甘やかされた子ども、憎まれた子どもの分類についていえば、事実上すべての子どもが、多かれ少なかれ、いずれか一つの分類、あるいは両方の分類に当てはまる。

　これら三つの原型としての状況が、すべては十分ではないという感情、劣っているという感情、劣等感を作り出す。そして、これに反応することが、人間の可能性を超えた野心を生み出す。劣等感と優越性の追求は、人生における同じ基本的な事実の二つの側面であり、したがって、切り離すことはできないが、病理学的な状況でもっとも有害であるのが、過度な劣等感であるか、過度な優越性の追求であるかを判断することは困難である。劣等感と優越性追求は多かれ少なかれリズミカルな波となって移り変わっていく。子どもの場合、過度の劣等感によってひき起こされる並外れた野心を見ることができる。この劣等感は心の中で毒のように作用し、子どもを常に満たされないものにする。このような不満を感じていれば、有用な活動をするようにはならない。不満は過度の野心によって養われるので、不毛なものである。この野心が人の性格と癖に絡み合わされているのを見ることができる。絶え間なく刺激物となって作用し、人を過敏にし、傷つけられたり、踏みつけにされないように用心させる。

　このような性質のタイプの人が、能力を伸ばすことができない人、いわゆる「神経質」、あるいは、常軌を逸した人になる。このような人は極端に進むと、自分のことしか考えず、他の人のことを考えないので、無責任な人、犯罪者の世界に行きつくことになる。このような人の道徳的、心理的な利己主義は絶対的なものになる。ある人は現実と客観的な事実に背を向け、自分自身のために新しい世界を作り上げる。そのような人は、白日夢や、あたかも現実を表現しているかのような空想を抱くことで、ついに心の平和を見出すのに成功する。心のイメージで現実を構成することで、現実と心を調停したのである。

心理学者と親はこのようなことが起こっているかどうかに注意を払わなければならない。その際そのことを判定する基準は、子どもや大人がどの程度共同体感覚を持っているかということである。共同体感覚を減じることになる妨害は、子どもの精神的成長に恐るべき影響を与えることになる。共同体感覚は、いわば子どもの正常性のバロメータである。

個人心理学が教育技術を発達させてきたのは、この共同体感覚をめぐってのことである。親や教育者は、子どもが一人だけに執着するのを許してはならない。これが許されたら、子どもの後の人生への準備は不適切な、あるいは不十分なものになるであろう。

子どもがどの程度共同体感覚を身につけているかを評価するよい方法は、学校に入学する時に子どもを観察することである。学校に入るとすぐに、最初のもっとも困難な試験の一つを受けることになる。学校は子どもにとって新しい状況だからである。それゆえ、学校は子どもが新しい状況に立ち向かうためにどれほど適切に準備ができているか、とりわけ、どれほど適切に新しい人と出会うための準備ができているかを明らかにするだろう。

多くの大人が学校時代を一種の悪夢として振り返る。子どもを学校に準備するにはどうしたらいいかが一般に知られていないことが、このことの説明になる。もちろん、学校がしかるべく運用されているのであれば、子どもの小さい時の教育の欠点を補うであろう。理想の学校は、家庭と現実の広い世界との仲裁者を務めるべきであり、ただ本による知識を教えられる場所であるばかりでなく、生きることの知識と技術が教えられる場所であるべきである。しかし、親による子どもの教育の欠点を克服するための理想の学校が待ち望まれる一方で、親の誤りがどこにあるのかを指摘することもできる。

学校はまだ理想的な環境ではないが、まさにそのことのゆえに、家庭教育の誤りを分析する時の指標として役立つ。他の人と接触する方法を教えられてこなかった子どもたちは、学校に入ると自分が一人であると感じる。そのために変わっていると思われ、最初の傾向は時と共に次第に強くなっていく。しかるべき発達は妨げられ、問題行動のある子どもになる。このような場合、責任を学校に帰する傾向があるが、学校は家庭教育に潜在する欠点を明るみに出しただけなのである。

問題行動のある子どもが、学校でそもそも進歩することができるかどうかは、個人心理学にとっていつも決着を見ない問題であった。われわれは、子どもが学校で失敗を始めると、そのことが危険な兆候であることを証明してきたが、学習上の失敗より、むしろ心理的な失敗こそが重要である。子どもが自信を失い始めたことを意味しているからである。勇気をなくし始めたのである。そうなると、子どもは有用な道と当たり前の仕事を避け始め、別のはけ口、自由と安易な成功への道を探求するようになる。社会が支持してきた道の代わりに、自分の劣等感を補償し、優越感を得ることができる私道を選ぶのである。勇気をくじかれた人にとって常に魅力的な道、即ち、もっとも手っ取り早く心理的に成功する道を選ぶのである。確立された社会の道に従うよりは、社会的、道徳的責任を放棄し法を破ることで、自分を他の人と一線を画したものとし、征服者であるという感覚を得ることの方が容易である。しかし、優越性を追求するこの安易な道は、表面的な行為がどれほど大胆であり勇気があるように見えても、背後には常に臆病と弱さが潜んでいることを示している。このような人は、成功することが確実であり、優越性を見せびらかすことだけをいつも行おうとするのである。

ちょうど犯罪者が、見たところは向こう見ずで勇気があっても、根は臆病であるように、子どもたちが、さほど危険でない状況で、様々な小さな合図を使って弱さをあらわにするのを見ることができる。例えば、真っ直ぐ立つことができず、常に何かに寄りかからなければならない子ども（子どもだけでなく大人もそうであるが）をよく見る。子どもたちを教育し、このような合図を理解する旧式の方法では、このような合図はただ何らかの兆候として扱われただけで、その根底にある状況は扱われることはなかった。このような子どもにはこういったものである。「いつも何かに寄りかかることはやめなさい」。しかし、実際ここで問題なのは、子どもが寄りかかるということではなくて、いつも支えられていなければならないと感じているということである。たしかに罰したりほめたりすることで、この弱さの合図を出すことを断念するように子どもたちを説得することはできる。しかし、支えを大いに必要としているという気持ちは、そのことによっては満たされない。病気は続く。優れた教育者だけが合図を読み取り、共感と理解をもって、根底にある病気を除去することができるのである。

しばしば一つの合図から多くの性質や性格特性について結論を引き出すことができる。何かに寄りかかることが必要だと思い込んでいる子どもの場合は、不安や依存という性格特性が必ずあることがわかる。そのような子どもをわれわれがよく知っている子どもと比較することで、パーソナリティを再構築することができる。このような子どもは甘やかされた子どもであることがわかる。

今度は別の子どものタイプ——愛されることがなかった子ども——の性格特性に目を向けよう。このタイプの性格特性は、そのもっとも発達した形では、あらゆる人類の最大の敵の伝記を研究することで観察することができる。彼〔女〕らの伝記において顕著なことは、子どもの時にひどい扱いを受けているということである。そのような扱いを受けて、頑固な性格、嫉妬、憎しみの心を発達させた。他の人が幸福であるのを見るのに耐えられなかった。もちろん、このタイプの嫉妬深い人は、ただ悪人の間にだけではなく、普通の人の間にも見ることができる。このような人が子どもを育てると、子どもたちは自分が子どもであった時よりも幸福であってはならない、と考える。このような考えを親が子どもたちに対して、また、教育を担当することになった教師が子どもたちに対して持つことがあるのを見ることができる。

しかしこのような考えは、悪しき意図から発したわけではなく、厳しく育てられてきた人の精神性を反映しているにすぎない。このような人はいくらでも「鞭を惜しめば子どもを損なう」というようなもっともらしい理由や格率を作り出すことができる。そして、無数の証拠と例を持ち出すのだが、われわれとしては納得するわけにもいかない。なぜなら、厳格で権威的な教育が無益であることは、それが子どもと教師の間を明らかに疎遠にさせることによって証明されるからである。

　心理学者は、様々な兆候を探求し、それらを相互に関係づけることによって、実践してみた後で、個人の隠された心理過程を明らかにする体系を組織化することができる。この体系によって吟味するあらゆる視点が、調べている人の完全なパーソナリティのいくらかを反映する一方で、調査のあらゆる点で同じことが示される時に初めて満足を感じることができる。個人心理学はこのように科学であると同時に技術でもある。そして、理論的枠組み、概念の体系を、吟味する個人に、融通の利かない機械的な仕方で適用してはならないということはいくら強調してもしすぎることはない。あらゆる調査においてもっとも大切なことは個人を研究することである。一つや二つの表現様式から遠大な結論を引き出してはならず、結論を可能な限り支持できる詳細な点を探さなければならない。暫定的な仮説を確固たるものにすることに成功して初めて、例えば行動の他の局面に同じ頑固さや勇気を失っていることを見出すことができた時に初めて、このような頑固さや勇気を失っていることはパーソナリティの全体に浸透していると確信を持っていえるのである。

　この連関で忘れてはならないのは、調べられている人は、自分自身の表現の様式を意識しておらず、したがって、本当の自分を隠すことができないということである。その人のパーソナリティは行動に見ることができる。パーソナリティはその人が自分自身についていっていること、考えていることによってではなくて、行動によって明らかにされるのである。故意に嘘をつくというのではない。むしろ、意識的な思考と無意識な動機との間には大きな溝がある。この溝には、利害関係を持たないが、しかし共感的な局外者がもっともよく橋をかけることができる。局外者――心理学者、親、教師――は目的を目指した、しかしそれでいて、多かれ少なかれ無意識的な個人の追求の表現として見られる客観的な事実の基礎に基づいて、パーソナリティを解釈することを学ばなければならない。

そこで、人生の三つの根本的な課題に関する個人の態度は、他の何よりも本当の自分を明らかにする。最初の課題は対人関係である。これについては、既に現実についての私的な見方と客観的な見方との対比の文脈で論じた。人はどのように友人を作り、人とうまくやっていくかという課題に対処するであろうか。もしも友人の課題、対人関係の課題は自分にはまったく関係がないといって、この問いを避けることができると信じる人があれば、この無関心であるということがその人の答えである。この無関心からその人のパーソナリティがどのようなものであり、どこに向かうかについての結論を引き出すことができる。さらに対人関係は、ただ実際に友人を作ったり、人に会うということに限られているのではない。友情や親交、誠実、忠誠というようなすべての抽象的な性質がこの関係のまわりに集まる。そして、対人関係に対する答えが、これらすべての点についてのその人の答えを示しているのである。

第二の重要な課題は、個人がどのようにして自分の生命を使おうとするのか、いい換えれば、労働の全般的な分業においてどの役割を引き受けたいかという課題に関わる。もしも対人関係の問題が一人以上の「私」の存在、「私」と「あなた」の関係によって決定されるのであれば、この課題は「人間」と「世界」という基本的な関係によって決定されるといえる。もしも人類が一人であれば、この人は世界と相互関係を持つことになるであろう。人は世界から何を欲するのであろうか。第一の課題の場合と同様、仕事の課題の解決は、一方的な、あるいは、私的な事柄ではなくて、「人」と「世界」の間の事柄である。それは二面的な関係であるから、人は自分の望む仕方ですべてを得ることはできない。成功は私的な意志によって決められるのではなく、むしろ、客観的な現実との関係において決められる。このため仕事の課題に対してどのような答えをどのように出すかは、その人のパーソナリティと人生に対して啓示的な光を投げかけることになるのである。

第三の根本的な課題は、人類が二つの性に分けられているという事実から生じる。この課題に対する解決もまたもや私的で主観的なものではなくて、関係に内在する客観的な論理に従って解決しなければならない。異性に対して私はどのような立場を取るだろうか。典型的な私的な概念は、またもや誤った概念である。正しい解決は、性関係に関わるすべての問題を注意深く考慮することによってのみ得られる。そして、愛と結婚の問題の正しい解決からのどんな逸脱も、パーソナリティの欠点、誤りを示していると考えて間違いない。また、この課題の誤った解決から帰結する多くの有害な結果は、根底にあるパーソナリティの誤りに照らして解決されるべきである。

それゆえ、これら三つの課題に対してどのように答えるかで、その人のライフスタイル全般と人生の目標を発見することができる。目標は全能である。それは人のライフスタイルを決定し、行動のあらゆる点に反映される。もしも目標が仲間であること、人生の有用な面に向けられたものであれば、あらゆる課題の解決にこの目標の刻印を見出すことになるであろう。あらゆる解決が建設的な有用性を反映し、幸福感と建設的で有用な活動に伴う価値と力を与えるだろう。しかし、目標が違う方向に向けられたら、即ち、人生の私的で有用でない面に向けられるのであれば、根本的な諸課題を解決できず、また課題を適切に解決することから帰結する喜びを持つことはないであろう。

　これらの根本的な課題の相互連関は、社会生活を営む時に、これらの三つの課題が社会的な、あるいは共同体の場においてのみ、いい換えれば、共同体感覚に基づいてのみ解決できるので非常に強いものになる。これらの課題は子ども時代のもっとも早い年から始まる。その時、われわれの感覚器官は、社会生活の刺激に応じて、見ること、話すこと、聞くことにおいて発達する。それも、兄弟姉妹、両親、親戚、知人、仲間、友人、教師に対する関係の中で発達するのである。課題は同じ仕方で一生の間継続し、したがって、仲間との社会的な接触を持たない人は人生から見放されることになってしまう。

　そこで心理学は、共同体にとって有用なものを正しいことと見なす時に、しっかりと地に足をつけたものとなる。社会的な基準から逸れることが正義の侵害であり、そのように逸れることは現実の客観的な法則と現実の必然性との対立を引き起こすことになる、と個人心理学は考える。この現実の客観性との衝突は、まず誤りを犯す個人の側に価値がないと感じさせ、また衝突は、よりいっそう強い力をもって自分も権利を侵されたと感じ他の人を報復することにおいて生じてくる。結局、社会的基準からの背反は、意識するにせよ無意識的にせよ、自分の内在的な社会理想を損なうことになる。

個人心理学は発達の試験として共同体感覚を重視するので、どんな子どもであれ、その子どものライフスタイルを理解し、評価することは容易であると考える。子どもは人生の課題と出会うとすぐに、試験を受けているかのように正しく準備されてきたかどうかを明らかにするからである。い い換えれば、共同体感覚を持っているかどうか、勇気、理解力を持っているかどうかは、総じて有用な目標を持っているかどうかを明らかにするであろう。次に、われわれは子どもの上に向かう追求する努力の形とリズム、劣等感の程度、社会意識の強さを見出そうとする。これらすべてのことが緊密に相互関連して浸透し、有機的で壊れることのない統一性を形作っている。この統一性は、パーソナリティの構築の欠陥が発見され再構築がなしとげられるまで壊されることはない。

第二章　パーソナリティの統一性

子どもの精神生活は驚くべきものである。それはどこに触れても魅惑的なものである。おそらくもっとも重要なことは、一つの出来事を理解するためにも、子どもの人生の歴史をすべて紐解かなければならないということである。すべての行動が、子どもの人生とパーソナリティの全体を表現しているように思えるが、この目に見えない背景を知らなければ子どもの行動を理解することはできないのである。この現象をパーソナリティの統一性という名前で呼んでいる。

この統一性の発達、即ち、行動と表現手段を一つのパターンへと統合することが、非常に早い年齢で始まる。子どもは生きるためにやむをえず反応を統一したものにしなければならず、状況に対してのこの統一された反応の仕方は、子どもの性格を形作るだけではなく、子どものすべての行動を他の子どもの似たような行動と区別し個別化する。

このパーソナリティの統一性という事実は、通常、多くの心理学派によって見逃されている。まったく見逃されているのではないとしても、しかるべき注意を受けていない。その結果、心理学の理論においても精神療法の技法においても、個々のふるまいや表現が、あたかもそれが独立した全体であるかのように考察のために取り出されている。時には、このような表象は、コンプレックスと呼ばれ、それを人の他の活動から切り離すことが可能であると仮定される。しかし、このような手続きは、一つの音符を全体のメロディーから取り出し、この一つの音符の意味を、メロディーを構成する一続きの音符から切り離して理解しようと試みることに喩えることができる。この手続きは役に立たないが、不幸なことに広く行き渡っている。

　個人心理学は、この流布した誤りに対して反対の立場を取らなければならない。この誤りは子どもの教育に適用される時、特に有害だからである。この誤った考えは罰についての考えに現れる。子どもが何か罰を招くようなことをすれば何が起こるであろうか。ある意味では、子どものパーソナリティによって作られる印象の全体を考慮に入れなければならないのは本当である。しかし、これは有益というよりは、しばしば不利益なことになる。というのは、誤りが頻繁に繰り返されると、教師や親は、先入観を持って子どもに接し、矯正不可能であると見なす傾向があるからである。また、いつもは態度がよい子どもが誤りをした時には、全体の印象に基づいて、あまり厳しくなく扱う傾向があるというのも本当である。それにもかかわらず、いずれの場合も、問題の本質に到達することができない。子どものパーソナリティの統一性という全体の把握に基づいて初めてそのことは可能なのである。われわれの立場は、切り離されたいくつかの個々の音符の意味を、全体のパーソナリティの連関の中で理解しようとするものである。

子どもになぜそんなに怠惰であるかをたずねても、われわれが知らなければならない本質的な連関を子どもが知っていると期待することはできない。また、子どもが「なぜ」嘘をつくのかを説明できるとは思えない。人間の本性について大いなる理解をしたソクラテスの「自分自身を知ることは何と困難なことであろう」という言葉が、数千年の間、われわれの耳に鳴り響いている。それゆえ、どんな権利を持って、子どもにこのような複雑な質問、その解決は心理学者にとってすら困難な質問に答えることを期待することができるであろうか。個々の表現の意味を理解できるということは、パーソナリティ全体を理解する方法を持っていることを前提とする。これは子どもが何をどのようにするかを叙述することを意味するのではなくて、子どもが自分の前にある課題に対してどのような態度を取るかを理解することを意味するのである。

次の例は、子どもの人生全体の連関を理解することがいかに大切であるかを示している。この十三歳の少年は、二人きょうだいの年上だった。彼には五年間一人っ子として両親のもとでの全盛時代があった。そこに妹が誕生した。以前は彼のまわりにいるすべての人が喜んで少年の欲求を満たしてくれた。母親が甘やかしたことは疑いない。父親は温厚で物静かなタイプの人で、息子が自分に頼ることを楽しんでいた。父親は軍隊の将校で、家からしばしば離れていたので、息子は自然母親に親しんでいた。母親は賢く善意の女性だった。依存的な、しかし、しつこい息子のどんな気まぐれでも満たそうとした。それにもかかわらず、息子の無作法で脅迫的なふるまいにしばしば当惑した。緊張状態が作り出された。その緊張はまず、少年が絶え間なく専制君主のように支配しようとすることに現れた。即ち、命令したり、からかったりして、どこでもいつでも不愉快な仕方で自分を注目の中心に置こうとしたのである。

　少年の行動は母親にとって大変煩わしいものだった。しかし、他にはこれといった悪いところはなかったので、母親は息子に屈し、服をきちんと整理し、学校の宿題を手伝った。少年は自分が何をしても、母親が助け出してくれると確信していた。人並みの教育を受けており、知的な子どもであったことは疑いない。実際、小学校ではかなりいい成績を取っていた。しかし、これは八歳までのことだった。その時、大きな変化が起こり、この変化が、子どもの両親に対する関係を耐え難いものにしたのである。外見のことも身体のことも顧みずに、母親を狂乱させただけではなく、母親が彼に望むものを与えなかった時には、髪の毛を引っ張ったものだった。母親を決して平安な気持ちにさせず、いつも耳をつまんだり、手をひっぱたいたりした。このような態度をやめることを拒否した。そして赤ん坊の妹が成長するにつれて、いっそう自分が作り出した行動パターンに固執するようになった。妹がすぐにいたずらの的になった。妹の身体を傷つけるまではいかなかったが、妹に嫉妬していたのは明らかだった。少年が悪化したのは、妹が生まれ、家族布置の中で一つの役割を果たすようになった日に遡ることができる。

　このような状況、即ち、子どもの行動が以前よりも悪くなったり、あるいは、新しい兆候が現れた時には、その状況が始まった時だけではなくて、刺激となる原因をも考慮しなければならない。「原因」という言葉をここで使ったが、この言葉は注意が必要である。なぜなら、妹の誕生が、兄が問題児となることの原因になるとは限らないからである。しかし、このようなことはしばしば起こることである。このような関係は子どもの側の誤った態度以外の何ものでもない。厳格な物理学、科学的な意味での因果律の問題ではない。年下の子どもが生まれる。そのことが「原因」となって第二子が必ず悪化するとはいえないからである。石が地上に落ちる時には、一定の方向に一定のスピードで落ちる。しかし、心理的な「下降」においては、厳密な意味での因果律は問題にならず、一度なされると人の将来の成長に影響を与えるような大なり小なりの誤りだけが問題になるということを個人心理学は調査に基づいて主張することができる。

人間の精神の発達において誤りが現れるということ、そしてこの誤りとその結果が相接して現れたり、失敗や誤った方向づけにおいて現れるということは驚くにはあたらない。精神には目標を定める働きがあるからである。この目標設定は判断と結びついている。即ち、誤りを犯すという可能性とも結びついているのである。目標の設定や決定は、子ども時代のもっとも早い時期から始まる。通常、二歳か三歳に、子どもは優越するという目標を自分の力で設定し始める。この目標はずっと自分の前にあり、自分なりの方法でそれに向かって努力する。しかし、目標の設定は、大抵の場合、正しくない判断と結びつく。それにもかかわらず、目標は多かれ少なかれ子どもを縛る。子どもは目標を行動において実現し、生活のすべてにおいて、この目標に向かって絶え間ない努力をするようになる。

子どもの発達が私的で、個人的な解釈よって決定されているということ、さらに、新しい困難な状況に入る時は、子どもの態度はいつも事物についての個人的な解釈に従って規定されるということを心に留めておくことが重要である。状況が子どもに与える印象の深さや種類は、（例えば第二子の誕生のような）客観的な事実や状況に依存するのではなくて、むしろ、この子どもが事実をどのように見ているかということに依存している。このことが、今問題とされている領域では、因果律の理論、即ち、必然的な連関は客観的な事実とそれらの絶対的な意味が間に存するのであって、事実の誤った見方との間に存するのではないという考え方を論破するのに十分な根拠となる。われわれの精神的な生活について注目に値するのは、われわれの視点がどの方向を取るのかを決めるのであって、事実それ自体が決めるのではないということである。この事情はことのほか重要である。なぜなら、われわれの視点に基づいて、すべてのわれわれの行動は規制され、パーソナリティが形作られるからである。基本的な考えが人間の行動に影響を及ぼすということの典型的な例をカエサル[1]のエジプト上陸に見ることができる。カエサルは上陸した時に跳躍した。ところが、躓いて大地の上に倒れてしまった。ローマ人の兵士たちは、このことを不吉な前兆と見なした。彼らは勇気があったが、もしもカエサルが、その時両手を差し出して「アフリカよ！　あなたは私のものです」といわなかったら、踵を返してそのまま戻っていってしまったであろう。このことから現実の構造が因果的であるといえないということ、そして、現実は一貫したパーソナリティによって形作られ決定されるということがわかる。同じことが群衆心理とコモンセンスとの関係についても当てはまる。群衆心理が有利な状況において、コモンセンスに影響力を持つようになるとしても、状況が原因で、群集心理がコモンセンスを因果的に規制するのではなく、どちらも自発的な見方を表すからである。通常、コモンセンスは、群集心理の誤った見方が試されるまでは現れない。

少年の話に戻ると、少年は自分が困難な状況にあることにすぐに気がついた。誰も彼のことをもはや愛さなくなり、学校での進歩はやんだ。しかし、ふるまいは変わらなかった。少年の行動は他の人をいつも困惑させるものだったが、それが彼のパーソナリティの完璧な表現になってしまった。それで何が起こっただろうか。誰かを困らせるといつでもすぐに罰せられた。悪い成績表をもらうか、両親に苦情の手紙が送られた。事態はこのように進み、ついに学校生活には適していないと思われるという理由で、少年を退学させるように勧告された。

おそらくこのような解決で、この少年以上に幸福であったものは誰もいない。少年が望んでいたことはまさにこのことだったからである。行動パターンの論理的一貫性が彼の態度にも表れている。誤った態度であったにせよ、ひとたびその態度が取られると、一貫して表現された。常に自分自身が注目の中心にあるという目標を立てたことが根本的な誤りだった。もしも罰せられるべき誤りがあるとすれば、これこそ罰せられるべきことである。母親をいつも自分に仕えさせたのは、この誤りによるものだった。そして、王のようにふるまったのも、この誤りによるものだった。しかし、八年の絶対権力の後に、突然王位を奪われた。王座を奪われる時までは、彼だけが母親のために、母親は彼のためにだけ存在していた。ところが、妹が生まれると、失われた王位を回復するために激しく闘わなければならなかった。それがまた彼の誤りだった。しかし、このような愚かな間違いは、生まれつきの悪や悪徳によるものではない。悪は、子どもがまったく準備されていない状況に入り、何の導きもなしに反抗するがままにされる時に初めて生じるのである。誰かが自分のためにだけ献身しているという状況にしか準備ができていない子どもを例に取ろう。突然、それまでとは反対のことが起こる。子どもは学校に行く。そこでは教師は注意を多くの子どもたちの間で分散しなければならない。一人の子どもが均分に割り当てられた分以上に要求すると、教師は当惑することになる。このような状況は、甘やかされた子どもにとって危険に満ちている。しかし、最初は子どもは決して悪くもなく手に負えないわけではないのである。

この少年の場合、彼のライフスタイルと、学校によって要求されるライフスタイルとの間に葛藤が起こったことがわかる。葛藤は子どものパーソナリティの方向及び目標と、学校生活によって決められた目標を描くことによって、図式的に表すことができる。両者の目標は反対の方向を指している。しかし、子どもの人生に起こるすべてのことは、子どもの目標によって決定される。そして、この目標の方向の他には子どものシステムの全体には何の動きもない。他方、学校はどの子どもにも普通のライフスタイルを期待する。葛藤は避けられない。しかし、学校はこの状況における心理的な事実を正しく認識することができないので、大目に見ることも、葛藤の原因をうまく回避しようともしない。

この子どもの人生は、母親を自分に仕えさせ、しかも自分だけに仕えさせるという支配的な欲求によって動機づけられている。彼のライフスタイルにおいては、すべては「僕は母親を支配しなければならない。僕が母親を所有するただ一人の人でなければならない」という考えをめぐっている。しかし、彼に期待されていることはこれとは違う。一人で勉強し、学校の本、習字帳を管理し、持ち物をきちんと片付けるということが期待されているのである。荷車に気性の激しい競走馬を繋いだかのようである。

もちろん、このような場合、少年の成績はよいものではない。しかし、現実の状況を知ると、この少年に共感したくなる。学校で少年を罰することは役に立たない。そうすることは、きっと、学校に自分の居場所がないということを確信させるだろうからである。学校から追い出されたり、両親が彼を引き取るように求められるならば、少年はずっと目標に近くなる。彼の誤った統覚の仕組みはいわば罠のように働く。彼は勝ったと感じる。今や本当に母親を支配下に置いたからである。母親はまたもや彼に献身しなければならない。これがまさに彼の望むところだったのである。

真相を認識すると、あれやこれやの失敗を拾い出し、そのことで子どもを罰することは無駄であることを認めなければならない。例えば、本を忘れるとしよう。忘れないとすれば不思議である。なぜなら、本を忘れると、母親の仕事が増えるからである。本を忘れるということは、それだけが孤立した個別の行動ではない。それはパーソナリティ全体の一部である。パーソナリティのすべての表現が全体の一貫した部分であることがわかれば、この少年は、ただ自分のライフスタイルに従って行動していることがわかる。そして、彼が自分のパーソナリティの論理に従って一貫した行動を取っているという事実は、同時に、学校の宿題ができないのは精神発達遅滞からであるとするどんな推測も論駁する。精神発達遅滞の人はライフスタイルを構築し、それに従うことはできないからである。

この非常に複雑なケースは、さらに別の論点を持ち出す。われわれは皆この少年の状況とある意味で同じ状況にある。われわれ自身のライフスタイル、われわれ自身の人生の解釈は、決して広く受け入れられた社会的な伝統と完全に調和するわけではない。昔は、社会的な伝統は神聖不可侵なものと見なされていた。しかし今は、人類の社会制度には何一つ神聖なものも固定したものもないと考えられるようになった。それらはすべて発展途上にあり、その過程における原動力は、社会を発展させる個人の闘いである。社会制度が個人のためにあるのであって、個人が社会制度のためにあるのではない。個人の救済は、事実、共同体感覚を持つことにある。しかし、それはプロクルステス[2]がしたように、人をいわば社会というベッドに無理やり寝かせるということを意味していない。

このような個人心理学の学説の基礎であり、個人の社会への関心についての考察は、特に学校制度と不適応な子どもの治療に適用されるべきである。学校は子どもを一個の人格、教化され発達させられるべき価値のあるものとして見なすことを学ばなければならない。そして同時に、学校は個々の行動を判断する時に、心理学的な洞察を用いることを学ばなければならない。既に述べたように、これらの個々の行動を単独の音符としてではなくメロディー全体の連関の中で、即ち、パーソナリティの統一性の中で理解しなければならないのである。

第三章　優越性の追求とその教育的意味

パーソナリティの統一性の次に、人間の本性についての重要な心理学的事実は、優越性と成功を追求するということである。この追求は劣等感と直接関係がある。自分が劣っていると感じているのでなければ、自分が現にいる状況を越えようと思わないからである。二つの問題、優越性の追求と劣等感は、実際、同じ心理現象の二つの面である。しかし説明のためには、それらを切り離して扱う。この章では、優越性の追求とその教育的な意味に話を限ることにする。

優越性の追求についての最初の問いは、それが生物的本能のように生得のものであるかどうかということである。優越性の追求をいかなる意味でも、生得のものと語ることはできない。しかし基盤が存在しなければならないことは認めなければならない。誤り、発達する可能性を持った、胚の中に置かれた未発達の核がなければならないのである。おそらく次のようにいえば、もっともよく表現できるであろう。人間の本性は優越性の追求を発達させる可能性を含んでいる、と。

もちろん、人間の活動には制限があり、決して発達させることができない能力がある。例えば、人間の嗅覚は犬に及ばない。また、人間の目は紫外線の分光を見ることもできない。しかし、他方、ある機能はもっと発達させることができる。優越性の追求の生物的根拠とパーソナリティの心理的発達全体の根拠を見るのは、この発達の可能性においてのことである。

われわれが見る限り、すべての状況に応じて自己を主張するという動的な衝動は、子どもにも大人にもある。それをなくすことはできない。人間の本性は、絶えず屈服されていることに耐えることができない。人類はその神をも打ち倒した。蔑まれ軽視されているという感情、自信が持てず劣っているという気持ちは、いつも補償と完全性を得るために、より高いレベルに到達しようとする欲求を起こす。

子どものある種の特性は、子どものうちに劣等感、弱さ、自信のなさを引き起こす環境の力が作用しており、逆に、これらが子どもたちの精神生活の全体に刺激的な影響を及ぼしていることを示している。子どもたちは、この状態から自分自身を解放すること、より高いレベルに到達すること、そして、平等感を得ることを目標にする。上昇への希求が激しければ激しいほど、子どもたちは自分の目標をより高いところに置き、自分に力があることの証明（この証明は、しばしば人間の限界を超える）を探し求める。子どもは、時に、いろいろなところから援助を得ることができるので、自分について神に似た未来像を投影することができる。子どもたちが自分について持つ表象は、自分は神に似ているという考えを持っているという事実を明らかにする。これは特に自分がもっとも弱いと感じている子どものうちに起こる。

十四歳の子どもの例を取り上げよう。この子どもは自分の精神状態が非常に悪いと考えていた。子どもの時の印象をたずねられて、六歳の時に口笛を吹くことができなかったことがどれほどつらかったかということを思い出した。しかし、ある日、家から出ていた時に、口笛を吹くことに成功した。大変驚いたので、自分の中で口笛を吹いたのは神であると真剣に信じた。このケースははっきりと、一方で、自分が弱い、劣っていると感じることと、他方で、神に近いということの間に密接な関係があることを示している。

この優越性の追求は顕著な性格特性と結びついている。この傾向を観察することによって、このような子どもが持つ野心の全体を見て取ることができる。この自己主張の欲求が際立って強くなる時には、常に嫉妬という要素が加わる。このタイプの子どもたちは、自分の競争相手にあらゆる悪しきことを願うようになる。そしてただ願うだけではなく（そのことはしばしば神経症を引き起こすことになるのだが）害を加え、トラブルを引き起こし、さらには、時に紛れもない犯罪傾向を示すことになるのである。このような子どもは自分自身の価値が高められると感じるために、とりわけ他の人に見られている時にそのように感じるために、中傷したり、家庭の秘密をばらしたり、他の仲間の品位を下げる。誰も自分よりも秀でるということがあってはならない。それゆえ、自分自身が価値の点で優るか、あるいは、他の仲間の価値が低く見られるかは関係ない。権力欲求が非常に強くなると、悪意や復讐の気持ちに表される。このような子どもたちは常に戦闘的で挑戦的な態度を示す。そのことは外観に現れる。即ち、目の輝き、突然爆発する怒り、いつでも想像上の敵に闘いをする用意ができているということに現れる。試験を受けるということは、優越性を追求する子どもにとって極度に苦しい状況である。このような仕方で自分が無価値であることが容易に露わにされるかもしれないからである。

　この事実から試験を子どもの特性に適応させることが必要であることがわかる。試験はすべての子どもにとって同じことを意味しているのではないのである。試験が非常に重荷である子どもはたくさんいる。赤くなったり、青くなったりする。どもったり、震え始める。恥と怖れによって麻痺してしまうので、心は機能を停止してしまう。ある子どもは、他の子どもと一緒の時は答えるが、さもなければ、まったく答えることができない。見られているのではないかと思うからである。この優越性の欲求は遊びにも現れる。遊びにおける優越性の追求は他の子どもが御者なのに馬の役割をすることを許さない。いつも自分自身が御者でありたいと思い、操縦して方向を決めようとする。しかし、このような役割をすることを妨げられると、他の子どもたちの遊びの邪魔をすることに満足する。そして、もしも失敗を重ねて勇気をくじかれているのであれば、その子どもの野心は邪魔されることになるだろう。そして、どのような新しい状況も、先に進むように刺激する代わりに、押しとどめることになるであろう。

　野心があってまだ勇気をくじかれたことのない子どもは、あらゆる種類の競争に参加しようとするが、失敗した場合には、勇気をくじかれた子どもと同じように狼狽する。自己主張の欲求の程度と方向性は、お気に入りの遊び、物語、歴史上の人物、人から推測することができる。大人の場合は、ナポレオン崇拝がある。ナポレオンは野心がある人にとってのモデルとなるからである。白日夢における誇大妄想は、いつも強い劣等感の兆候であるが、この劣等感は、失望した人に現実とはかけ離れたところで創り出される感情に満足と陶酔を求めさせるのである。それに類似したことはしばしば夢の中でも起こる。

子どもたちが優越性を追求する時にいろいろな方向性を取ることを見れば、いくつかのタイプに分類できることがわかる。しかし、この分類を正確なものにすることはできない。なぜなら、タイプは数え切れないほどあり、主として子どもが自分自身をどれほど信頼しているかによって決定されるからである。成長が妨げられてこなかった子どもたちは、この優越性の追求を有用な成果の方へと向ける。先生を喜ばせ、規律を敬い、普通の生徒になろうとする。しかし、われわれは経験から、このような子どもたちが多くはないことを知っている。

また他の子どもより秀でたいと願い、いつも一番になろうと努力して、激しさを表す子どももいる。このような努力には誇張された野心が混じっていることが稀ではないのだが、野心は徳であると見なされ、子どもをさらに努力するように促すので、このことは容易に見逃されてしまう。こうしていつも誤ってしまう。子どもの成長は過度の野心によって損なわれるからである。膨れ上がった野心は、緊張状態を作り出す。子どもはしばらくの間は緊張状態に耐えることができる。しかし、この緊張が子どもにとって大きすぎるものであることが遅かれ早かれ必ず明らかになる。また、このような子どもは家で本を読むのに時間を費やしすぎるかもしれない。そうすると、他の活動が損われることになる。このような子どもたちは、しばしば学校で一番になりたいばかりに、他の課題を避けてしまう。子どもはこのような状況において、精神的にも身体的にも成長することはないので、われわれはこのような子どもの成長にまったく満足しているというわけではない。

　このような子どもが自分の人生を他のすべての人より秀でることができるようにすることは、正常な成長にとってよいものではない。本ばかり読んでないで外に出て、友人を作り、他のことに夢中になるようにいわなければならない時がやってくる。このような子どもたちは多くいるわけではないが、それでもこのような子どもはよくいるのである。

　さらに、一つのクラスの中に、暗黙の対立関係にある二人の生徒がいるということもよくある。よく観察すれば、このように競争する子どもたちが、時にあまり好ましくない性格特性を発達させていることがわかる。彼〔女〕らは嫉妬深くなるが、自立した調和のあるパーソナリティであれば、このような感情とは無縁であろう。他の子どもたちが成功すると困惑し、誰かが先頭を切ると、神経的な頭痛、胃痛などを起こし始める。また、他の子どもがほめられると、すねてふてくされる。もちろん、他の誰かをほめることは決してできないであろう。嫉妬の兆候は、誇張された野心によくない印象を与えることになる。

　このような子どもたちは、仲間とうまくやっていくことができない。あらゆることにおいて指導的な役割を望み、遊びの全般的な組織に自分を従わせようとはしない。結果として、一緒に遊ぶことを楽しまなくなり、級友に対して高慢な態度を取るようになる。級友とのあらゆる接触が不愉快なものとなる。自分の立場が不確かであると信じておればなおさらそうである。このような子どもたちは、決して自分の成功を確信しないし、自信を持てないような状況にあると感じると騒ぎ出す。自分について他の人が持っている期待によって、また自分の自分自身への期待によって多大な負担を負っているのである。

家族が子どもたちに持つ期待は、子どもたち自身に非常に強く感じられる。自分の前に置かれたあらゆる課題を成就しようとして、興奮したり神経過敏になる。いつも目の前に、他のすべての人より秀で、「規範」であろうという理想を持っているからである。彼〔女〕らは自分にのしかかる希望を重荷に感じるが、状況が好ましい限りにおいては、それを運ぼうとするのである。

もしも人類が絶対的な真理を持っており、先に見たような困難を子どもたちに感じずにすむような安全な方法を見出すことができれば、おそらく問題行動のある子どもはいないであろう。しかし、人類はこのような方法を持っておらず、加えて、子どもがそのもとで学ばなければならない諸条件は理想的に整えられていないので、先に述べたように、子どもたちが切望する機会はきわめて危険なものであることが明らかである。彼〔女〕らは、このような不健康な野心の重荷を背負っていない他の子どもが困難に立ち向かう時とは、まったく異なった気持ちで困難に対面する。困難とここでいうのは避けることができない困難という意味である。子どもが困難に出会うことを防ぐことができない。これは一つには、われわれの教育方法に起因している。この方法はまだ未発達なもので、改善しようとしているが、すべての子どもに向くというわけではない。さらに、子どもが自分自身のうちに持っている自信が、誇張された野心によって蝕まれているという事情がある。子どもたちは克服するために必要な勇気を持って困難に取り組んでいないのである。

過度に野心がある子どもは、最終の結果、即ち、成功することで認められるということしか考えない。成功しても人に認められるのでなければ満足しない。多くの場合、困難が生じると、実際にこの困難を克服することを試みるよりは、精神のバランスを維持することの方が、子どもにとって重要である。このような野心の方へ向かうことを強いられた子どもは、このことを知らない。しかも、他人の賞賛なしに生きることはできないと感じている。このように考えるので多くの子どもは、他人の意見に左右されることになる。

価値に関することでバランス感覚を失わないことが重要であることは、劣等器官を持ってこの世に生まれてきた子どもたちの例によって示される。このような例はいくらでもある。多くの子どもたちが右側よりも左側がよりよく発達しているが、このことはあまり知られていない。左利きの子どもは、われわれの右利き本位の文明で苦労することになる。右利きか左利きかを発見するためにはある方法を使うことが必要である。左利きの子どもは、書くこと、読むこと、絵を描くことが困難である子どもたち、一般に、手の使い方がぎこちない子どもの間に、ほとんど例外なく見つけることができる。子どもが左利きか右利きかを発見する一つの簡単な、しかし、まったく確実というわけではない方法は、子どもに手を組むように頼むことである。左利きの子どもたちは、通常、左の親指が右の親指の上にくるように手を組む。どれほど多くの人が左利きとして生まれ、しかもそのことを知らないかは驚くべきである。

多くの左利きの子どもの生育歴を調査すると、次のような事実を発見する。まずこのような子どもは、のろのろしてるとか、ぎこちないと見なされているということである（これはわれわれのところのようにすべてが右利きに合わされたところでは驚くに値しない）。状況を理解するためには、右側通行に慣れているわれわれが、左側通行の街（例えば、イギリス、アルゼンチンなど）で道路を横断しようとすることが、どれほど混乱させることであるかを考えてみるだけでよいだろう。他の家族が皆右利きであれば、左利きの子どもの立場はいっそう悪くなる。左利きであることは、本人だけでなく家族をも困惑させる。学校で書くことを学ぶようになると、自分が平均以下であることがわかる。しかし原因がわからないので、叱られたり、悪い点をつけられたり、罰せられることになる。子どもは、自分が何らかの仕方で他の子どもよりも能力が劣っていると信じる以外には、状況を解釈することができない。過小評価されている、どこか劣っている、あるいは、他の人と競争できないという気持ちが起こる。不器用であるということで家庭でも叱られるので、そこで彼〔女〕が見出すのは自分が劣っているということの確証だけである。

当然、子どもはこれを決定的な敗北と受け入れる必要はないが、このような勇気をくじかれる状況で、多くの子どもたちは努力することを断念する。本当の状況を理解せず、また、誰もどうすればこの困難を克服できるかを説明しないので、競い続けようとする。このため、多くの人は字が下手なままである。右手を十分に訓練したことがなかったからである。しかし、この逆境を克服できるということは、左利きの人のうちに優れた芸術家や彫刻家がいるという事実によって証明される。生まれつき左利きであったにもかかわらず、右手を使う能力を徹底的な訓練によって発達させたのである。

右手を使うことを訓練された左利きの人は皆吃音になるという迷信がある。このような迷信があるのは、このような子どもたちが経験する困難が時にあまりにも大きいので、話す勇気を失うということから説明することができる。これがまた勇気くじきを示す他の種類の人（例えば、神経症者、自殺者、犯罪者、性倒錯者など）のうちに左利きの人が多いという事実の説明にもなる。他方、左利きを克服した人は、芸術の世界で優れた人でもあることを見出すことができるのである。

左利きであることについてのこのような特性がそれほど重要でないように見えたとしても、そのことは、非常に重要なことを教えてくれる。即ち、子どもの勇気と忍耐心をあるところまで引き上げなければ、子どもの能力について何一つ決定的なことはいえないということである。子どもたちを脅かし、よりよい未来の希望を取り去っても、なお子どもたちはうまくやっていくことができると見えるかもしれない。しかし、もしも子どもたちを勇気づけるならば、このような子どもたちは、ずっと多くのことをなしとげるであろう。

並外れた野心を持った子どもたちは困難な状況にある。成功したかどうかという結果によって判断し、困難に立ち向かい、それを切り抜ける力によっては判断しないのが習慣だからである。また、われわれの現代の文明では、根本的な教育よりは、目に見える結果、成功の方により関心があるということも習慣的なことである。しかし、ほとんど努力することなしに手に入れた成功は滅びやすい。それゆえ、野心があるように子どもを訓練することはまったく無益である。勇気があり、忍耐強く、自信を持ち、失敗は決して勇気をくじくものではなく、新しい課題として取り組むべきものであると考えるように教育する方がずっと重要である。教師がどの点で子どもの努力が無駄なものになっているかを知り、また、子どもがまず十分な努力をしたかどうかを知れば、すべてはたしかにずっと容易になるだろう。

それゆえ、優越性の追求は野心のような性格特性に表されるということがわかる。優越性の追求がもともと野心の形を取っていたが、他の子どもが既にずいぶんと先まで進んでしまったので、この野心を空しいと放棄してしまった子どもたちがいる。多くの教師は、眠っている野心をかきたてるために、このような十分な野心を示さない子どもたちを非常に厳しく扱ったり、また悪い点数をつけたりする習慣に従う。この方法は、子どものうちに勇気が残っているのであればうまくいくことがある。しかし、一般に用いることを勧めるわけにはいかない。学習においていわば死線の近くにいる子どもたちは、このような扱いを受けることですっかり混乱してしまい、一見したところ愚鈍という状態へと追い立てられるからである。

他方、寛容、注意、理解を持って扱われてから、子どもたちが思いがけない知性と能力を表すことに驚嘆することがある。このような仕方で変わった子どもたちが、しばしばさらに大きな野心を見せるというのは本当である。これは単に以前の状態に転落することを怖れるからである。これまでの人生や、これまで成功できなかったということが、子どもたちの目の前に警報としてあり続け、絶え間なく前へ駆り立てるのである。後の人生において、そのような子どもたちの多くは、悪魔に取り憑かれたかのようにふるまう。日夜忙しく、過労の結果いつも苦しみ、それでも十分にはやりとげていないと信じるのである。

　これらのことは、子どもばかりでなく、すべての大人のパーソナリティは統一がとれた全体であり、それは常に人が少しずつ築いてきた行動パターンに従って現れるという個人心理学の根本思想を思い出せば明らかになる。行為を行為者のパーソナリティから切り離された形で判断することは意味がない。なぜなら、多くの行為は多くの仕方で解釈されうるからである。特定の行為や身ぶり（例えば、ぐずぐずすること）を理解する時の判断の不確実さは、学校によって課せられた仕事に対する子どもの必然の答えであると理解すれば、直ちに消え去る。ぐずぐずするのは、子どもが学校と関わろうとせず、したがって、わざわざ学校の要求を満たすことをしないということを意味しているにすぎない。事実、その子どもは、学校の要求に応じないために自分ができることをしているのである。

　この視点から、「悪い」学童についての全体像を見ることができる。われわれは優越性の追求が、学校を受け入れることにおいてではなく、学校を拒否することに現れる時に起こる悲劇を知っている。一連の典型的な行動の兆候が現れ、次第にこれらの兆候は矯正できず、堕落したものになっていく。他の人を笑わせるためにいたずらをするが、それ以外のことはほとんどしない宮廷の道化師のようになるかもしれない。あるいは、同級生を困らせるかもしれない。あるいはまた、ずる休みをし、悪い仲間と付き合うようになるかもしれない。

そこで、学校の子どもの運命だけでなく、人のその後の成長も、いかにわれわれの手にかかっているかがわかる。学校によって与えられる教育と訓練は、人の未来のあり方を決定的な仕方で確定する。学校は家庭と社会生活の中間に位置している。学校は家庭教育のもとで形成された誤ったライフスタイルを矯正することができる。そして、子どもを社会生活に適応するよう準備し、子どもが社会、共同体という、いわばオーケストラのアンサンブルの中で、調和して、個人の役割を果たすように世話をするという責任を持っているのである。

学校の役割を歴史的に見ると、学校は常に時代の社会理想に応じて人を作ろうとしてきた。順に、貴族主義的、宗教的、ブルジョワ的、民主的学校であり、常に時代と支配者たちの要求に従って子どもを教育してきた。今日、学校は変わりつつある社会理想に応じて、変わらなければならない。かくて、もしも今日理想的な成人の理想が、自立した、自制心のある、勇気のある男女によって代表されるとするならば、学校はこの理想に近づく人を作り出すように、自らを適応させなければならない。

いい換えれば、学校は自らをそれ自身において目的であると見なしてはならないのであって、個人は学校のためにではなく、共同体のために訓練されなければならないことをはっきり理解しておかなければならない。それゆえ、学校は、学校で模範的な子どもであるという理想を放棄した子どもをなおざりにすることがあってはならない。このような子どもたちは、他の子どもたちと比べて、優越性を追求することが少ないというわけでは必ずしもない。自分たちを緊張させる必要がなく、実際どうかは別にして、よりたやすく成功できると信じるような他のことに注意を向けることができる。これは、子どもたちが無意識のうちに、幼い時に他の活動のために自分たちを訓練してきたという事実によるのかもしれない。すばらしい数学者にはならないかもしれないが、運動においては秀でるかもしれない。教師は決してこのような傑出した業績を見逃してはならず、そのことを子どもが他の活動領域においても上達するように勇気づけるための出発点として利用するべきである。教師の仕事は、勇気づけることができる一つの子どもの業績から出発し、それを他のことにおいても同じように成功を収めることができると子どもに信じさせるために利用すれば、ずっと容易なものとなる。それは、いわば豊かな牧草地から別の牧草地へ子どもを誘い出すことである。そして、どの子どもも学業をうまくやってのけるので、人為的に作られた障壁を克服さえすればよいのである。この障壁は、究極の教育的ないし社会的目標ではなくて、抽象的な学校の成績を判断の基礎とすることから生じる。子どもの側からいえば、障壁は自信の欠如に反映され、その結果、優越性の追求は、しかるべく表現されないので、有用な活動を中断することになるかもしれない。

このような状況で子どもは何をするだろうか。逃避することを考える。子どもが、教師からは賞賛を引き出さないが、教師の注目を引いたり、あるいは、生意気さや頑固さを示すことで、他の子どもたちからの賞賛だけは引き出すことがある。このような子どもは、自分が引き起こす騒ぎのゆえに、しばしば自分を英雄や、あるいは小さな巨人と見なすことになる。

このように注目を引いたり、適切な行動から外れることは、学校時代に起こる。このようなことが、表面に現れるのは学校においてであるが、学校にすべての責めを帰するわけにもいかない。学校は、消極的な意味では、即ち、積極的に教育し調整するという使命を離れると、初期の家庭教育の失敗が明るみに出される実験段階なのである。

注意深い優れた教師は子どもが学校にきた最初の日に多くのことを見て取ることができる。多くの子どもたちが、すぐに甘やかされた子どもの持つあらゆる兆候を示すからである。甘やかされた子どもにとって、新しい状況である学校は非常に苦痛で不快なものである。

このような子どもは他の人と接触する訓練を受けてこなかったので、友人を作ることが絶対に必要である。子どもが学校に入学する時には、他の人との接触を確立する方法を知っていることが望ましいのである。子どもは他のすべての人を排除して、一人にだけ依存してはならない。家庭教育の失敗は学校で矯正されなければならないが、このような誤りからわずかでも免れて学校にくることが望ましいことであることはいうまでもない。

家で甘やかされた子どもが突然学校での勉強に集中できるということは期待できない。このような子どもは集中力がないからである。学校に行くよりも家にいたいという欲求を表す。「学校の感覚」というものを持っていないのである。 学校への反感の兆候を容易に見て取ることができる。親は朝起きるように、子どもをうまく説得しなければならない。絶えずあれをしなさい、これをしなさいと促さなければならない。朝食をぐずぐず摂るということもあるだろう。このような子どもは自分の進歩を妨げる、通過できない障壁を築き上げたいかのようである。

　このような状況の治療の仕方は、左利きの人の場合と同じである。このような子どもに学ぶ時間を与えなければならない。学校に遅れてきたとしても罰してはならない。なぜなら罰することは、学校では自分が不幸であるという気持ちを強化するだけだからである。罰することでは、子どもは学校には自分の居場所がないのだという気持ちを確固たるものにするだけである。親が子どもを学校に強いて行かせるために鞭打つと、子どもは学校に行きたくないと思うだけでなく、自分の立場を耐えられるものにする手段を探すことになるだろう。この手段とは、もちろん、逃避の手段であって、実際に課題に立ち向かう手段ではない。子どもが学校に行きたくないと思う気持ちや、学校の課題を解決できないことは、彼〔女〕のあらゆる身振り、あらゆる動きに明らかになるだろう。本を決して同じところに置かず、いつも忘れたりなくしたりする。子どもがいつも本を忘れたりなくしたりする時には、学校であまりうまくいっていないと考えて間違いない。

　このような子どもたちを調べると、必ずといっていいほど、学校で成功を収める希望を少しも持っていないということがわかる。この自分を過小評価することは、すべて子どもたちにその責めが帰せられるというわけではない。環境がこの誤った方向へと導いていくのにひと役買ってきたのである。家庭では誰かがかっとなって子どもの暗い未来を予言した。あるいは、馬鹿とか役立たずといってきたのである。このような子どもたちが、学校で自分に向けられた非難を確証するように見えるものを見出すと、彼〔女〕らの誤解を正す分析力、判断力を失ってしまう。このようにして、闘おうとはしないで、闘うことを断念してしまう。そして、自分自身がもたらす敗北を打ち克ちがたい障害、自分の無能力、劣っているということを確証するものと見なすのである。

通常、環境はこのようなものなので、ひとたび誤りがなされると、その誤りが正される可能性はほとんどない。そして、このような子どもたちは、普通見たところ前に進もうと努力しているにもかかわらず後れを取るので、すぐにその努力を断念し、学校を休む口実を作り上げることに注意を向けることになる。学校を休むこと、ずる休みは、もっとも危険な兆候の一つであり、もっとも悪い罪の一つであると見なされている。その後、厳しい罰が待ち構えている。そこで、子どもたちは策略を使ったり、嘘をいうことに避難するように強いられたと信じるようになる。もちろん、他にも悪行に陥る異なる道が開かれている。家からの書類を偽造し、成績表を変造する。また、学校にはしばらくの間行っていないのに、学校でしていることになっているすべてのことについて、家で嘘の網を張り巡らさなければならない。また、このような場所で、通常、既に同じ道を辿っていた他の子どもたちを見出すということはいうまでもない。そこで、子どもたちの優越性の追求は、朝から学校をずる休みしただけでは満たされないことになる。それは新しい行為、即ち、法を犯すことへと駆り立てるのである。行為はどんどんエスカレートしていき、ついには、立派な犯罪を犯すことになる。ギャングとなり、盗みを始め、性倒錯を覚え、すっかり大人になったと感じるのである。

初めて大きな一歩を踏み出すと、今や野心のためにより多くの糧となるものを求めるようになる。

行為が見つからない限り、どんな狡猾な罪でも犯すことができると感じる。このことが、なぜ非常に多くの子どもたちが犯罪生活を断念しないかということの説明になる。一度踏み出した道をさらに進もうと思う。他の領域では決して成功を収めることができないと信じるからである。有用な活動へと自分たちを促すあらゆることを排除する。野心は仲間の行為によって常に刺激され、反社会的行為へと駆り立てる。犯罪傾向を持っていて、同時に強いうぬぼれを持っていない子どもを見出すことは決してできない。うぬぼれは野心と根が同じなのである。そして、それは子どもに絶えず自分自身を何らかの仕方で目立たせることを強いる。しかし、人生の有用な面で自分自身のための居場所を見出すことができない時には、有用でない面へと向かうのである。

　教師を殺した少年のケースを吟味すると、この少年のうちに特徴的な性格特性を見出すことができる。この少年は女性の家庭教師の指導のもと、注意深いが、あまりに神経質な教育を受けた。教師は精神生活の表現と機能についてはあらゆることを知っていると信じていた。少年は天まで届くような高みから無へと転落したので、自信をなくしてしまった。人生と学校は彼の期待を満たさなかった。そこで法破りの道へと走った。法を破ることによって、教師と家庭教師の監督から逃れた。社会は、まだ犯罪者、ことに、若い犯罪者を教育問題として、即ち、心理的な誤りの矯正の問題として扱う機構を作り上げてなかったからである。

　これまで教育に多く関わってきた人なら誰にでもよく知られている興味深い問題がある。教師や牧師や医師、裁判官の家庭で、子どもがしばしば非行に走ることがあるということである。これはあまり職業的地位が高くない教育者だけではなく、その意見が重要であるとわれわれが見出す人にも当てはまる。そのような人は、職業上の権威を持っていながら、家庭の中では、平和と秩序をもたらすことができないように思われる。このような家庭においては、重要な視点がまったく見逃されているか、もしくは理解されていない。例えば、困ったことに、教育者である親が、当然のこととして、自分が持っていると思っている権威を、家庭で子どもたちに厳格なルールと規制として強いるのである。子どもたちをあまりに厳格に抑圧する。そして、子どもたちの自立を脅かし、しばしばそれを奪ってしまう。教育者である親が、この抑圧に対して復讐することを強いる気分を子どもたちのうちにかきたてるかのようである。この抑圧は、父親に鞭打たれたという記憶のうちにしっかりと根付いている。また、意識的に行われた教育は、並外れて鋭い監視となるということも忘れてはならない。大抵の場合はこれは大いに利益がある。しかし自分自身の子どもの場合は、絶えず注目の中心にいたいと思わせることになる。子どもたちは、自分たちを実験のために並べられたモルモットであると見なす。そして他の人も、責任があり決定権のある、いわば糸操り人形師と見なすことになる。子どもたち自身はいかなる責任も免れており、他の人がすべての困難を取り除かなければならない、と感じるのである。

第四章　優越性の追求の方向づけ

　これまでのところで、すべての子どもたちが優越性を追求していることを見た。親や教師がしなければならないことは、この努力が実りのある有用なものを生み出すよう導くということである。それが、神経症や疾患ではなく、精神的な健康と幸福をもたらすよう気をつけなければならない。

　そのためにはどうすればいいだろう。優越性の追求を有用なものとそうでないものに区別する根拠は何か。共同体感覚というのが答えである。これまで誰かが行ったどんな業績、価値のあることについても、共同体とまったく関係のないものを考えることはできない。われわれにとって貴く価値があると思える偉大な行為を思い起こすと、これらの行為が、行為者にとってだけでなく、共同体全体にとっても価値あるものであったことがわかる。それゆえ、子どもの教育は、子どもが共同体感覚あるいは共同体との連帯感を認めるようにしなければならない。

　共同体感覚を持たない子どもたちは、問題のある子どもたちになる。しかし、彼〔女〕らはただ優越性の追求の努力を適切に用いることに準備できていない子どもであるにすぎない。

たしかに、共同体にとって何が有用であるかについては、大きな意見の相違があるというのは本当である。しかし、一つのことは確かである。木は果実によって判断されるということである。どんな行動の結果も、それが共同体にとって有用であったかそうでないかを示すだろう。このことは、時間と効果を考慮に入れなければならないということを意味している。最終的には行動は「私的な論理ではなくて」実在の論理と一致していなければならない。この実在の論理と一致しているということが、行為が共同体全般の必要にとって意義があるかどうかを示しているのである。普遍的に価値があるということが共同体の中に生きることの基準であって、遅かれ早かれ、この基準との矛盾ないし一致が必ず現れることになる。しかし、普通の生活においては、われわれが複雑な判断の技術を必要とするような状況にいないということは幸運なことである。効果をはっきりと前もって見ることができない社会運動、政治の潮流などについては議論の余地がある。しかし、ここにおいても、即ち、個人の人生だけでなく、国民の生活においても、効果の有無は、ある種の行動が究極に有用で真実か、あるいは、そうでないかを示すだろう。科学的な視点からすると、どんなものもそれが絶対的な真理であり人生の課題の正しい解決でなければ、すべてのものにとってよきものか、あるいは、有用なものかはいうことができないからである。人生の課題は、地球、宇宙、人間の相互関係の論理によって条件づけられるのである。これらの客観的で人間的な宇宙の条件は、たとえわれわれがこのような問題をいつも解決できるわけではないとしても、それ自身のうちに解決を持った数学の問題のようにわれわれに対している。問題の個々の事実状況に照らして解決法を論証する時にだけ、その解決が正しいかどうかを決定することができる。時に、解決方法が真理かどうかを検証する機会があまりに遅くやってきて、誤りを正す時間がないことがあるのは残念なことである。

　自分たちの人生構造を論理的で客観的な視点から見ない人は、大抵は自分の行動パターンの統一性、一貫性を見ることはできない。問題が現れた時、驚いてしまい、それに取り組む代わりに、問題に出会うような道を選んだことが間違いだった、と考えるのである。子どもについては次のことも覚えておかなければならない。子どもは有用な道を放棄すると、問題の重要性を理解しないので、否定的な経験から肯定的な教訓を学ぶことができないということである。それゆえ、子どもの人生のあらゆる出来事を解釈する時に、人生はつながりのない出来事の連続ではなく、連続した糸であると子どもに教えることが必要である。どんな出来事も人生全体の連関から取り出すことはできない。それに先立つすべてのこととの関係においてのみ説明することができるのである。子どもがこのことを理解すると、なぜ自分が誤った道に踏み込んだか理解できるだろう。

　優越性の正しい方向づけと誤った方向づけの違いをさらに理解する前に、一般理論に矛盾すると思われる種類の行動を取り上げるのがいいだろう。それは怠惰な態度である。これは見たところ、すべての子どもたちは生得的に優越性を求めて努力するものであるという説と相容れないように思われる。実際、怠惰な子どもは、優越性を追求せず野心を持たないことに対して叱られる。しかし、怠惰な子どもの状況をより仔細に検討すれば、通常の見解がいかに誤っているかが明らかになる。怠惰な子どもは、ある種の利点を持っている。このような子どもたちは、他の人が自分について持つ期待を持たないですむ。ある程度までは、あまり多くのことをなしとげなくても許される。努力せず、それゆえ、怠惰で無精な態度を取る。しかし、怠惰であるからこそ脚光を浴びることにしばしば成功する。親は子どもにかかりっきりにならないと考えるからである。どんな犠牲を払っても目立ちたいと思う子どもたちがどれほど多いかを考えると、そのような子どもたちの中に怠惰であることで注目を引こうと考えつく子どもたちがいることの理由がわかるだろう。

しかし、以上のことで、怠惰を心理学的に完全に説明したことにはならない。自分たちの状況を楽にするために怠惰な態度を取る子どもたちはたくさんいる。この子どもたちの一見したところの無能さ、何もしないということは、常に怠惰のせいであるとされる。無能力であることを責められることはめったにない。それどころか、家族はこのようにいう。「もしも怠けていなければ、できないことなど何一つない」と。子どもたちは、もしも怠惰でさえなければ、どんなことでもなしとげることが「できる」と思われることに満足する。自信がほとんどない子どもにとっては、このことは慰めになる。子どもの場合だけではなく、大人にとっても、成功の代わりになる。「もしも怠けていなければ、できないことなどあるだろうか」という誤った仮定文は、失敗したという感情を鎮める。このような子どもたちが実際に何かをすれば、そのわずかな行いが彼〔女〕らの目には極端に重要性を持ったものになる。取るに足らないことでも何か一つなしとげれば、以前は何もなしとげることがなかったこととの違いを明らかにする。そのため、賞賛を得ることになるが、いつも積極的な子どもたちは、もっと大きなことをなしとげても怠惰な子どもほど認められないのである。

このように怠惰であることには隠された無意識の駆け引きがあることがわかる。怠惰な子どもたちは綱渡りをする人に似ている。ロープの下には網が張ってあるので、落ちたとしても衝撃は柔らかである。怠惰な子どもたちに向けられる批判は、他の子どもたちに対するほど厳しいものではなく、屈辱を感じることも少ない。能力がないといわれるよりも、怠惰であるといわれる方がましである。要は、怠惰は子どもの自信のなさを隠すスクリーンとして役立っており、直面する課題に取り組もうとすることを妨げるのである。

現代の教育方法を考慮すると、それが怠惰な子どもにとって願ったり叶ったりのものであることがわかる。怠惰な子どもを叱れば叱るほど、その子どもは目標に近づいたことになるからである。いつも子どもにかかりっきりになっている人がいる。その人が子どもを叱れば、注意を子どもの能力から逸らすことになり、そのようにして、子どもの願うところとなるわけである。罰することも、これと同じ結果をもたらすことになる。罰することで怠惰な子どもを矯正できると考えている教師は、いつも失望することになる。どんな厳しい罰であっても、怠惰な子どもを勤勉な子どもに変えることはできないからである。

子どもが変わるとすれば、状況が変わるからである。例えば、思いがけない成功を収めた時、あるいは、担任が厳しい教師から優しい教師に代わった時である。新しい教師は、子どものことを理解し、熱心に話し、子どもが持っているわずかな勇気をくじかず、新しい勇気を与える。このような状況では、怠惰であることから積極的であることへの変化は、時に驚くほど突然に起こる。学校に入った最初の数年は遅れていたが、新しい学校に入ると、環境が変わったので、並外れて勤勉になる子どもたちを見ることがある。

怠惰であることで逃避しようとはしないが、病気になることで有用な活動を避ける子どもたちもいる。また、試験の時にひどく興奮する子どもたちもいる。神経が高ぶれば、そのことを理由に大目に見られるかもしれない、と感じるのである。同じ心理的傾向は泣く子どもにも見られる。泣くことと興奮することは特権を求める口実である。

これらの子どもと同じグループには、ある欠点、例えば、吃音があるという理由で、特別に目をかけられることを求める子どもが属している。小さな子どもと関わってきた人であれば、ほとんどの子どもが話し始める時に、少しどもる傾向を見せることに気づくだろう。知られているところでは、言葉の発達は多くの要因によって早くも遅くもなるが、とりわけ共同体感覚の程度によって決まる。対人関係に関心があり、仲間と交わりたい子どもたちは、他の人を避ける子どもたちよりも早く容易に話すようになる。他方、話す必要がないような状況さえある。例えば、保護され甘やかされた子どもがそうである。子どもが欲求を言葉に出す前に満たされ、察せられ満たされるのである。

子どもが四歳、あるいは五歳になっても話すようにならないと親は聾唖でないかと心配する。しかし、よく聞こえているのはすぐわかる。もちろん、このようであれば聾唖であると考えなくてよい。このような子どもは実際には話す必要がない環境に生きている。話す必要がなく、あらゆるものが、いわば「銀のお盆に載せて」子どもに手渡されると、話し始めるのはかなり遅くなる。話すことは、子どもが優越性を追求していること、その発達の方向性を示すものである。優越性を表現することが、話すことで家族に喜びをもたらすという形を取るにせよ、普通の欲求を満たすのに役立つという形を取るにせよ、優越性の追求を表現するためには子どもは話さなければならない。いずれの形であれ、このような種類の表現の可能性がない場合は、言葉の発達の仕方に問題があることが考えられる。

　これとは違った言葉の欠点がある。r, k, s のようなある種の子音が上手に発音できないというようなものである。これらはすべて治るものである。それゆえ、大人でどもったり、舌がもつれたり、わかるように話せない人が実にたくさんいることは驚くべきことである。大部分の子どもたちはどもらなくなる。治療が必要な子どもはわずかである。治療の過程でどのようなことが起こるか、十三歳の子どもを例に取ってみよう。医師がこの少年の治療を始めたのは六歳の時だった。治療は一年続けられたが、うまくいかなかった。次の一年は専門家の治療は受けず、その後別の医師が治療したが、またもやうまくいかなかった。四年目は何も行わず、五年目の最初の二ヶ月は言語療法士にかかった。しかし、状態を悪化させただけだった。少し後、言語障害を専門とする研究所に送られた。二ヶ月間の治療はうまくいったが、六ヶ月後再発した。

　さらに別の言語療法士に八ヶ月かかった。今度は何らの改善も認められず、次第に悪化し始めた。さらに別の医師にかかったが、うまくいかなかった。次の夏の間はよくなったが、休暇の終わりに、もとの話し方に戻ってしまった。

治療の大部分は少年に音読させること、ゆっくりと話す練習をさせることなどだった。ある種の刺激が一時的に改善させたが、その後また再発するだけだった。器質的な障害はなかったのだが、小さい時に建物の二階から落ち、脳震盪を起こしている。この子どもを一年担任した教師は、育ちがよく、勤勉、すぐに赤くなり、少しイライラするところがある、と特徴を述べた。フランス語と地理がもっとも苦手な科目であるとのことだった。試験期間になるととりわけ興奮した。特に関心があるのは、体育、スポーツ、技術的な仕事だった。リーダーの素質はまったく見られなかった。級友とはうまくやっていたが、時々弟と喧嘩をした。左利きで、一年前に顔の右側に顔面麻痺の発作を起こした。

家庭環境はどうかというと、父親はビジネスマンであり、非常に神経質で、息子がどもると厳しく叱った。しかし、少年の怖れていたのは母親だった。家庭教師についており、そのためめったに家から出られなかった。自由がないことを残念に思っている。また母が弟をひいきにするのでずるいと思っている。

これらの事実を基にして次のように説明することができる。この少年は人と接触しなければならないとすぐに緊張するが、すぐに赤くなるのはこの緊張が増すことを示している。赤くなるのは、どもるという習性のいわば親戚である。少年が気に入っている教師ですら吃音を治すことはできなかった。吃音は彼の身体のシステムにメカニズムとして組込まれており、自分以外の他の人をすべて嫌っているということを示しているからである。

どもることの動機は外界にあるのではなく、どもる人がどんな仕方で外界を統覚しているかにある。この少年がイライラすることは心理学的に重要である。彼は消極的な子どもではない。認められ、優れたものであろうとする努力は、大抵の弱い性質においてそうであるように、短気さに表れている。勇気をくじかれていることのもう一つの証明は、弟としか喧嘩しないということに見られる。試験の前に興奮することは、成功しないのではないかという怖れ、他の人ほど能力がないのではないかという感情によって緊張が高まることを示している。強い劣等感を持っているのであり、そのことが彼の優越性の追求を有用でない方向へと逸らしているのである。

家庭での状況が学校の状況ほど好ましくなければ、喜んで学校へ行くことになる。家庭では弟が注目の中心に立っている。器官の障害や恐ろしい体験が吃音の原因であったとは考えられない。しかし、何らかのことが勇気をくじくことに手を貸したということはありうる。弟は兄を家族布置の中で端へと追いやり、大きな影響を与えることになった。

八歳までおねしょをしていたことも重要である。おねしょは大抵最初は甘やかされ、後になって「王座を奪われた」子どもにだけ見られる症状だからである。夜にさえ母親の注目を得ようと努力したことをはっきりと示している。この場合は、一人で放っておかれることに我慢できなかったことを示している。

勇気づけられ、自立する方法を教えられれば、この少年は治癒可能である。そのためには自分でなしとげることができる仕事をする機会が与えられなければならない。そうすれば、なしとげることができたということから自信を持つことができるようになる。少年は、弟の誕生は愉快ではなかったと認めている。今やこの嫉妬がどのようにして間違った方向へと少年を追いやったかを理解させなければならない。

吃音に伴う兆候についてはいうべきことがたくさんある。そこで、興奮状態で何が起こるかを知りたいと思う。どもる人の多くは怒る時には、吃音であるとは少しもわからず、どなることもできる。また、年長の吃音者は、朗読したり、恋をしている時には淀みなく話す。これらのことは、吃音の決定的な要因は他者との関係にあることを示しているのである。決定的な要因は、対抗するということ、自分と他者との間に結びつきが生じる時、あるいは、言葉で表現しなければならない時に、子どもの中に緊張が起こることである。

過度の困難なしに話すようになると、誰も子どもの言葉の発達に格別の注意を払わないものである。しかし、難儀すると、家の中での話題はこのことで持ちきりとなり、どもっている子どもは注目の的になる。家族はその子どものことだけで頭を一杯にし、結果は当然のことながら、子どもが言葉に注意を払いすぎることになる。子どもは意識して表現をコントロールし始める。こういうことは普通に話す子どもはしない。自動的に作用するはずであるのに、意識的にコントロールすると、機能を制限することになる。このことの適切な例をマイリンク[1]が『ひきがえるの飛行』というおとぎ話の中であげている。ひきがえるが千本の足を持った動物に出会った。すぐにこのめずらしい動物が持っている力を賞賛し始める。「千ある足のうち、どれを最初に動かすのですか。どんな順序で後の九百九十の足を動かすのか教えていただけませんか」とたずねた。むかでは考え始め足の動きを観察し始める。すると、足をコントロールしようとして混乱し、一歩も進めなくなった。

生命の過程をコントロールすることは大切なことだが、個々の動きをコントロールしようとすることには害がある。芸術作品はそれを創り出すのに必要な身体の動きを自動化することができる時にだけ作り出すことができるのである。

どもることが、子どもの未来の可能性にひどい影響を及ぼし、子どもを育てている間、そのことに伴う明らかな不利益（子どもに向けられる家族の同情と注目）があるにもかかわらず、状況を改善しようとするよりも、弁解に逃避する人が依然多くいる。このことは両親にも子どもにも当てはまる。どちらも未来を信じていない。子どもは特に他者に依存し、一見したところ不利であるものによって利益を維持することに満足している。

見かけ上の不利益が利益に変えられるということの例は、バルザック[2]の小説の一つに見ることができる。バルザックは二人の商人について書いている。二人は取引でお互いを出し抜こうとする。取引の最中に一人がどもり始める。もう一人が驚いたことに、どもっている人は、どもることで値段を提示する前に時間を稼ぐことができることに気づく。そこで対抗武器を探し出す。すると、突然何も聞こえなくなった。今度は、相手が聞こえるように大きな声を出さなければならない限り、どもっている方は不利になった。これによって対等が再び確立されたのである。

どもっている人は、時にこのメカニズムを自分のために時間を稼ぎ、他の人を待たせることに用いることがあるが、犯罪者のように扱ってはならない。どもる子どもは勇気づけられ、優しく接するべきである。友好的な啓蒙と子どもを勇気づけることによってのみ、治療は成功するのである。

第五章　劣等コンプレックス

優越性の追求と劣等感は誰のうちにも相伴ってある。優越性を追求するのは、劣っていると感じるからであり、優越性の追求に成功することで、この劣等感を克服するのである。しかし、劣等感が心理学的に意味を持つのは、追求に成功するメカニズムが妨げられるか、器官劣等性に対する心理的な反応によって劣等感が耐えがたいほど大きくなる時である。その時、劣等感ではなく劣等コンプレックスを持つことになる。劣等コンプレックスは、劣等感が異常に高められたものであり、安易な補償と見かけだけの満足を必ず求めることになる。障害となっているものを誇張し、勇気の供給を少なくして、成功への道を妨げることにもなる。

もう一度この連関で、吃音のある十三歳の子どものケースを考察しよう。既に見たように、勇気をくじかれたことが吃音の原因の一つであり、逆に吃音が彼の勇気をいっそうくじいた。ここに劣等コンプレックスの神経症的な悪循環がある。少年は人前に出たくないと思う。希望を断念した。自殺を考えたかもしれない。吃音は少年のライフスタイルを継続して表現するものになった。吃音は、彼についてのまわりの人への印象となることで、彼を注目の中心に置き、そのようにして少年の心理的な不快感を軽くしている。

　少年は世の中で重きをなし、ひとかどの人物になるというかなり極端で誤った目標を立てた。そのためには、いつも名声を求めて努力し、自分のことを愛想がよくて、他の人とうまくやっていけ、仕事をきちんとやりとげるように見せなければならず、その上、失敗する場合にそなえて、失敗の理由となる口実を持っていなければならないと感じる。これが吃音である。この少年の場合は、人生は大体において有用な方向づけをされているので、それだけいっそう重要である。判断と勇気が方向を誤ったのは、ただ一つの面においてだけだった。

　吃音はもちろん、勇気をくじかれた子どもたちが、自分の能力では成功を収めることはできないと考える時に見せる数え切れない武器の一つにすぎない。勇気をくじかれた人が持つこれらの武器は、自然が身を守るために動物に与えた武器である爪や角に喩えることができる。この武器が、子どもの弱さや、このような武器がなければ人生を乗り切ることはできないという絶望に由来していることはすぐにわかる。実に多くのことが武器として使われるが、大小便をコントロールできないことだけを武器として持っている子どもがいる。このような子どもは、幼年時代、つまり仕事や労苦なしに生きられるという状態から去ることを望んでいないのである。腸や膀胱が器質的に弱いということはまずない。ただ策略としてこのような武器に助けを求めようとするのであり、そうすることで、親や教師の同情を呼び覚ますことになる。その策略が、仲間からの嘲笑を招くことになろうともやめることはない。したがって、このような表れは、病気ではなく、劣等コンプレックス、あるいは、危機に陥った優越性の追求の表現として扱われるべきである。

　吃音の苦しみがどのように発達したかをありありと思い浮かべることができる。おそらくは最初は非常に小さな生理上の核から生じたのであろう。少年は長い間一人っ子だった。母親は少年に絶えずかかりっきりになっていた。成長するにつれて、おそらく自分は十分な注目を受けておらず、表現の可能性が抑えられていると感じたのであろう。そこで注目を自分に向ける新しい策略を思いついた。どもることは次第に重要な意味を持つことになった。話しかけてくる人が、自分の口元を見守ることに気づいたのである。どもることで、さもなければ、弟の方に向かうことになるいくらかの時間と注目を集めておくことができたのである。

　学校でも同じだった。少年は先生が多くの時間を自分のために費やすことに気づいた。多くの優秀な生徒が持ち、自分でも憧れていた名声を少年は手に入れることができた。優れた生徒だったことは疑いない。しかし、いずれにしても、事態は少年にとって楽なものになった。

　他方、どもることで、先生が彼に対して寛大になるようになったとしても、これは勧められる方法ではない。自分がこれだけの注目を得られてしかるべきだと思うだけの注目を得られないと、他の子どもたちよりもいっそう傷つく。注目を自分へ向けておくことは、家族に弟が登場すると厄介な課題になった。普通の子どもとは違って、自分の関心を他の人に向ける能力を発達させてこなかった。他のすべての人を排除して、母親を家庭環境の中でもっとも重要な人にしたのである。

このような子どもの治療は、勇気づけ、自分自身の力と能力を信じさせることから始めなければならない。共感的な態度で、このような子どもたちと仲良くなり、厳格な方法で脅かさないようにすることは価値があるが、それだけではまだ十分ではない。友好的な関係は、子どもたちが継続して常によくなるよう勇気づけるために使わなければならないのである。これは、子どもたちをより自立させ様々な手段で、必ず自分自身の精神的、身体的な力を信頼するところまで持っていくことによってのみできることである。まだ達成されていないことでも、勤勉と忍耐、練習、勇気ですみやかに得ることができるということを確信できるようにならなければならない。

子どもの教育における最悪の誤りは、親や教師が、正しい道を踏みはずした子どもに、悪しき結末を予言することである。このような愚かな予言は、事態を限りなく悪化させる。子どもの臆病さを増すだけだからである。むしろ、これとはまったく反対のことをしなければならない。つまり、楽観主義を子どもに吹き込むことである。ウェルギリウス[1]がいっている。「できると思うがゆえにできる」

子どもに恥をかかせたり面目を失わせたりすることで、行動を改善するよう影響を及ぼすことができると決して信じてはならない。嘲笑されることを怖れる子どもたちが、行動を変えるように見えることが時にあるとしてもである。嘲り笑うことによって刺激するという方法がどれほど疑わしいかは、次のようなケースから判断できる。泳ぐことができないのでいつも友人にからかわれていた少年がいた。とうとうこの嘲笑に耐えることができず、飛び込み台から深い水の中へジャンプした。やっとのことで助けられ、溺れずにすんだ。名声を失うことを怖れるような人は、臆病さを打ち消そうとするが、これが適切な行動であることはめったにない。今し方引いた例から知られるように、もともとの臆病さは、少年が泳げないという事実を認めることを怖れたという事実にある。それを認めれば友人の間での立場がなくなると考えたからである。絶望的に水の中に飛び込んでも臆病さは治らなかった。むしろ、事実に直面しないという臆病な性質を強めただけだった。

臆病は、常に人間関係を壊す性格特性である。自分のことを非常に心配しているので、もはや他の人のことを考えられない子どもは、仲間を犠牲にしてまでも名声を得ようとする。それゆえ、臆病は、それが起こる時、自己中心的で戦闘的な態度を取らせることになるが、このような態度は、共同体感覚を破壊する。しかし、他の人が自分をどう思うかという怖れは、決して破壊されることはない。臆病な人は、人に嘲笑され、見下され、面目を失うことをいつも怖れている。いつも他の人の意見にふりまわされる。ちょうど敵国に住んでいる人と同じで、疑い、妬み、利己主義という性格特性を発達させることになる。

この臆病なタイプの子どもたちは、しばしば批判的で、がみがみ小言をいう人になる。他の人をほめようとはせず、他の人がほめられると憤慨する。したがって、自分がなしとげたことではなく、他の人の価値を下げることで秀でようとすれば、そのことは、弱さの兆候である。子どもたちから他の人に対する敵意ある感情を取り除くことが、このような兆候を見て取った人の怠ることができない教育の仕事である。このような兆候を見ない人は、当然この仕事を免除されるが、結果として起こる好ましくない性格特性を矯正する方法を決して知ることはないであろう。しかし、問題は、子どもを世界と人生に和解させることであり、誤りを指摘し、子どもが望んでいたものは名声という評判を得ようとすることであるのに、自分ではそれを得ようと努力しなかったということを説明することにあるとすれば、どの方向に子どもに働きかけ、導けばいいか知ることもできる。子どもたちが互いに持っているはずの友好的な感情を強化しなければならない。悪い点数を取ったからといって、あるいは、何か正しくないことをしたからといって、他の人を見下してはならないことも子どもたちに教えなければならない。さもなければ、子どもたちは劣等コンプレックスを持つようになり、勇気をくじくことになるからである。

　子どもが未来に対する信頼を失うと、現実から逃避し、人生の有用でない面で補償的な努力をするという結果になる。ほとんど聖なる義務といってもよい教師のもっとも神聖な仕事は、どの子どもも学校で勇気をくじかれることがないように、そして、既に勇気をくじかれて学校に入る子どもが、学校と教師を通じて、再び自信を取り戻すよう配慮することである。このことは教師との仕事と密接な関係にある。なぜなら、未来を希望に満ち、喜びを持っている子どもたちと一緒の時こそ、教育は初めて可能になるからである。

　勇気をくじかれるタイプの一つで、一時的にだけ起こるものがある。これは、特に野心のある子どもの場合に起こる。このような子どもたちは進歩しているが、最後の試験に受かり、今や職業を選ぶことに向かわなければならないので希望を失うことがある。また、野心のある子どもで、試験で一番の成績を取れない時に、しばらくの間、努力することを断念する子どもたちもいる。無意識のうちに時間をかけて準備された闘いが突然起こる。それはまったくの混乱、あるいは、不安神経症のうちに現れる。このような子どもたちは、もしも早めに勇気をくじかれたことを発見し、勇気づけられなければ、いつも何か新しいことをし始めるが、最後までそれをやりとげることがない。年がいくと仕事を頻繁に変え、最後は自分にとってよい結果に終わるものは何もないと信じ、いつも失敗を怖れることになる。

　このようなわけで、子どもの自己評価はこの上なく重要である。しかし、たずねてみても、子どもが自分のことをどう考えているかはわからない。どれほどうまく聞き出そうとしても、不確かな答えしか返ってこない。自分のことをかなりよく思うという子どももいれば、価値がないという子どももいるだろう。後者の場合を調べると、まわりにいる大人たちが、子どもに何百回もろくでなしとか馬鹿といってきたということが明らかになるかもしれない。このような恐ろしい非難の言葉を聞いて傷つかない子どもはめったにいない。しかし、他方、自分の能力を過小評価して、自分を守り通す子どももいる。

　子どもに質問すれば、子どもが自分自身についてどう判断しているかを知ることができないとしても、子どもが問題に取りかかる方法を観察することはできる。例えば、自信のある、決然とした態度で向かっていくか、それとも勇気をくじかれた子どもにしばしば見られる兆候、即ち、ためらいの態度を示すかどうかを観察することができる。図式的には、次のような子どもを例に取っていうことができるだろう。最初は勇気を持って立ち向かっていくが、歩みを弛め、課題に近づくとよろめき、ついには、実際にその課題に触れる前にある距離を置いて、まったく立ち止まってしまうような子どもである。時には、このような子どもたちは、怠惰であるとか、ぼんやりしているといわれることがある。いい方は違うが、結果はいつも同じである。このような子どもたちは、われわれが普通の人に期待するようには課題に取り組まず、いつも行く手を阻むもののことで頭が一杯である。年長者をからかってだますことに成功することもあるので、大人はその子どもには能力がないのでは、と誤って考えてしまう。しかし、子どもの全体像を心に留めておき、個人心理学の原理に照らせば、困難は自信の欠如、過小評価にあることがわかるのである。

誤った方向づけをされた優越性の追求を考察する時、まったく自己中心的な人は、社会において例外であるということを忘れてはならない。優越性をあまりにも追い求めるので、他の誰のことも考えない子どもたちを見ることがある。そのような子どもたちは、敵意があり、法を破り、貪欲で利己的である。秘密を見つけ出すといつもそれを他の誰かを傷つけるために使う。

しかし、このような子どもたちは、その行動は非難されなければならないが、紛れもなく人間的な性格特性を持っていることがわかる。どこかで人類に属しているという感覚を持っているのである。ライフスタイルが協力という概念から遠ざかっていればいるほど、共同体感覚を見出すことは困難だが、自分とまわりの世界に対する関係は何らかの仕方で暗に示されているか、表現されている。隠された劣等感をあらわにする表現形式を探し求めなければならない。この表現の仕方は無数にある。子どものまなざしから始まる。目は光線を捉え、それをさらに奥へと伝導するという器官であるだけではなく、対人関係的なコミュニケーションの器官でもある。人が他の人をどのように見るかで、自分を他の人にどの程度結びつけようとしているかがわかる。心理学者と作家が皆、人のまなざしを重視してきたのはこのためである。そして、その人の魂の一部をまなざしの中に見て取ろうとするのである。間違ったり、誤解するということはあるかもしれないが、子どもが友好的であるかどうかをまなざしによって判断することはそれほど難しいことではない。

　大人の顔を真っ直ぐ見られない子どもが不信感を持っているということはよく知られている。このような子どもたちは悪意があるというわけではなく、性的に悪い習慣があるというわけでもない。目を逸らすことは、瞬間的であっても、自分を他の人に結びつけることを避けようとしていることを示している。仲間の社会から逃げ出そうとしているのである。子どもを呼んだ時、どれくらい近くまでくるかということからもわかる。多くの子どもたちは、ある距離を置いて立つ。まず、状況を探り、必要がある時にだけ近づく。近くで接触することを疑いの目で見る。おそらく何か苦い経験をしたことがあり、偏った知識を一般化し、誤って用いるからである。母親に従うか、教師に従うかという子どもたちの傾向を観察するのも興味深いことである。子どもが進んで近づく人の方が、口で愛しているといっている人よりもずっと重要である。

　歩き方や真っ直ぐな姿勢、真っ直ぐに保たれた顔、しっかりした声、臆病のなさにはっきりとした自信と勇気を示す子どもたちがいる。他方、話しかけられるとひるみ、すぐに劣等感や状況に対処できないことの怖れをあらわにする子どももいる。

この劣等コンプレックスは生まれつきのものであると信じている人は多い。この考えに対しても、どんな子どももどれほど勇気を持っていても怖れることがあるということで反論することができる。父親と母親が臆病である子どもは臆病であろう。しかし、臆病さを遺伝的に受け継いだからではなくて、怖れに満ちた雰囲気の中で育ったからである。家庭の雰囲気、両親の性格特性は子どもの成長において非常に重要である。学校で自分に閉じこもる子どもたちは、しばしば、他の人と、ほとんどあるいはまったく関係を持たない家庭の子どもである。もちろんこのような場合、遺伝的な性格について考えてみたい誘惑に駆られるが、このような理論はもはや通用しない。器官や脳にどんな身体的な変化が起こっても、他の人と交わることができなくなるわけではない。しかしこのような態度を必ずしも強いるわけではないが、このような特徴が現れることを納得させるような事実はある。

事の次第を理論的に理解するのにもっとも簡単なケースは、次のような子どもの例である。この子どもは、劣等器官を持って生まれ、しばらくの間病気だった。苦痛と弱さのために生命の危険があった。このような子どもは、自分のことにしか関心がなく、外界を困難で敵対的であると見なしている。このような場合、第二の有害な要因が働く。虚弱な子どもは、自分のために人生を楽にし、献身してくれる人を見つけなければならない。このような人は、まさにこの献身と保護的な態度によって、子どもの中に強い劣等感を発達させることになる。すべての子どもが相対的な劣等感を持っているものである。なぜなら、大人と比べると背丈も力も違うからである。この「劣っている」という感覚は、子どもが、よくあるように、「子どもは顔を見せても、声を出してはいけない」といわれると、容易に強化されることになる。

　これらすべての印象から、自分が不利な立場にあるという印象をより強く認識するようになる。しかし、自分が他の人よりも小さくて力がないとはどうしても認めたくはない。小さくて弱いという考えに取りつかれたら取りつかれるほど、より大きくなろうといっそう努力するようになる。認められようとする努力は、さらに刺激されるわけである。自分の人生を自分の間近にいる人の人生と調和するものにしようとしないで、新しいスローガンを作り上げる。「自分のことだけを考えよ」というスローガンである。このようなタイプの子どもは、自分自身の中に閉じこもる。

　虚弱、不具、醜い子どもたちの大部分は強い劣等感を持っているといっても間違いはない。これは二つの極端な状態で現れる。即ち、話しかけられると尻込みして退きびくするか、あるいは、攻撃的であるかのどちらかである。この二つの行動の種類はまったく別のものであるように思われるが、どちらも同じ原因から起こったものである。認められようと努力する時、このような子どもたちは、ほとんど話さないことがあるかと思えば、別の時には話しすぎることで、自分を印象づけようとする。彼〔女〕らの共同体感覚は、人生から何も期待せず、何も与えることができないと信じているか、あるいは、誤って私的な目的のために使うのであまり育たない。彼〔女〕らは常に注目の中心にいるリーダーや英雄になりたいのである。

子どもが何年も間違った方向に自分の努力を向けている時には、一度話したからといってライフスタイルを変えることを期待することはできない。教師は辛抱しなければならない。子どもたちがよくなろうとするが、時々悪化するような場合には、すぐにはよくならないということを子どもに説明するのがよいことがある。そうすれば、子どもは落ち着き勇気をくじかれることはない。子どもが数学で二年の遅れを取っていれば、おそらく二週間で遅れを取り戻すことはできない。しかし取り戻せることは間違いない。普通の子ども、即ち、勇気のある子どもは、どんなことであっても取り戻せる。無能力は、誤った成長、即ち、パーソナリティ全体が困難な仕方で不十分に形成されたことによるものであることをまたもや見ることになる。問題行動のある子どもを助けることは常に可能なことである。

無能力、あるいは、一見したところの愚鈍さ、不器用、無気力は、精神発達遅滞であることの十分な証明にはならない。精神発達遅滞である子どもについては、頭脳の発達面での欠陥が、身体の上で常に示されている。時には、このような身体的な結果はやがて消え去ってしまう。そして、もともとの身体的な欠陥の精神的な痕跡が残るだけである。即ち、劣等器官のためにもともと弱かった子どもは、身体が強くなった後も、あたかも弱いかのように行動し続けるかもしれないということである。

話をさらに先に進めなければならない。心理的な劣等感と自己中心的な態度は、身体的な弱さの結果ではないだけではなく、器官劣等性とも関係がない、まったく異なった状況によってもたらされるかもしれない。それらは誤った種類の育児、あるいは愛のない厳しい教育によってもたらされるかもしれない。このような場合、子どもの人生は悲惨以外の何ものでもなくなる。そして、子どもは世界に対して敵対的な態度を持つようになる。同じではないにしても、器官劣等性から帰結する心理的な生活の障害と似た結果がもたらされる。

　愛のない雰囲気の中で育ててこられた子どもたちを治療することには、大きな困難が伴うということを予期しなければならない。そのような子どもたちは、われわれのことを害を与える他のすべての人を見るのと同じように見るであろう。学校に行くようにという励ましは、どれも抑圧と感じられるであろう。いつも束縛されていると感じ、力の限り反抗するという傾向がある。仲間に対して正しい態度を持つことができない。自分より幸福な子ども時代を過ごした子どもたちに嫉妬を感じるからである。

　このような気難しい子どもたちは、成長するとしばしば他人の生活を毒するような性格の持ち主になる。彼〔女〕らは自分の環境を克服するには、十分勇気を持っていなかったのであり、力を持っていないという感情を自分より弱いものを抑圧することで、あるいは、うわべの親切さで他の人より優れていることで補償しようとする。多くの子どもたちは、自分よりも悪い状況にいる人とだけ友人になろうとする。あるいは、自分より幼い人や貧しい人を好む。少年も、時には、特に優しくて従順なタイプの少女を好むが、その際、性的なことは考慮には入らない。

第六章　子どもの成長　劣等コンプレックスの防止

子どもが歩くようになるのに異常に長い時間がかかっても、一度普通に歩けるようになると、そのような子どもは、後の人生で、劣等コンプレックスを必ず持つようになるというわけではない。しかし、それ以外の点では精神の成長が普通であるような子どもが、自由に運動ができないと、そのことで強い印象を受けることになることは知られている。自分の状況が不幸であると感じ、そのことから悲観的な結論を出しがちなのである。後に元来の身体的、器質的な無能力が消えてしまったとしても、そのことが将来の行動のあり方を決定してしまうという傾向がある。一度くる病にかかった子どもが、治ってからもその病気の兆候である曲がった足、不器用さ、肺カタル、ある種の頭の奇形、曲がった背骨、くるぶしの肥大、弱い関節、悪い姿勢といった特徴を示すことがある。心理的には、病気の間に得た敗北感であり、その後も悲観論に陥るという傾向が残る。このような子どもたちは、まわりの友人が何でも器用にやすやすとするのを見て、劣等感を持つことになる。自己評価は低く、次のいずれかの道を取る。即ち、まったく自信を失ってしまい、進歩しようとしてもほとんど進歩しないか、あるいは、身体的なハンディキャップにもめげず、遊び仲間に追いつくために、自分が苦境にあるという見せかけの絶望によって拍車をかけられるかのどちらかになる。子どもたちが、自分たちの状況を正しく判断できるだけの十分な知性を持っていないということは明らかである。

　子どもの成長を決めるのは自分自身に固有の能力ではなく、また客観的な環境でもなく、むしろ外界の実在とそれへの自分の関係について子どもがたまたまする解釈である。子どもが持って生まれてくる先在能力が一番重要であるというわけではなく、子どもの状況について大人がする判断もまったく重要ではない。むしろ本質的なことは、大人が子どもの状況を子ども自身の目で見て、子ども自身の誤った判断で解釈するということである。子どもが論理的に、即ち、大人の健全なコモンセンスに従って行動すると考えてはならない。むしろ子どもたちが、自分自身の立場を解釈する時に、誤りを犯すということを認める用意がなければならない。実際、子どもたちの教育は、子どもが誤ることがなければありえないということを忘れてはならない。もしも子どもがした誤りが生まれつきのものであるならば、子どもを教育するということも、成長させるということもできないだろう。それゆえ、子どもの性格特性は生まれつきのものであると信じる人は、子どもを教育することはできないし、教育すべきでもないのである。

　健康な身体にはいつも健康な魂が宿っているというのは本当ではない。子どもが身体の欠陥があるにもかかわらず、勇気を持って人生に立ち向かう時、病気の身体に健康な魂が宿るということはありうる。他方、もしも子どもが、身体は健康であっても逆境が続き、自分の能力について間違った解釈をするのであれば、精神的に健康とはいえない。子どもは、どんな仕事でも失敗すれば、しばしば自分には能力がないと信じるようになる。このような子どもたちは困難に対してことのほか感じやすく、どの障害も自分たちの力がないことを確信させることであると見なしているからである。

　運動能力に困難があることに加えて、なかなか話すようにならない子どもたちもいる。通常は、言語の習得は、歩くようになることに伴ったものである。もちろん、この二つは、実際に結びついているのではなくて、子どもと家庭の状況に依存している。他には何の困難もないのに、話すことができない子どもがいるが、これは家族がその子どもを援助することを怠っているからである。しかし、明らかなことは、どんな子どもも、耳が聞こえないわけではなく、発声器官が完全であれば、かなり早い時期に話し始めるはずであるということである。ある状況のもとでは、とりわけ極端に視覚タイプの環境のもとでは、発語が遅れることがある。それ以外の場合は、両親が子どもに自分で話させないで、子どものためにあらゆることをいって甘やかすということがある。このような子どもは、話し始めるまでにずいぶんと時間がかかり、耳が聞こえないのではないかと思われることもあるほどである。しかし、ついに話し始めるようになると、そのような子どもの話すことへの関心は非常に強いものとなっているので、後に雄弁家になることもある。作曲家シューマンの妻クララは、四歳まで話すことができず、少し話せるようになったのは、ようやく八歳になってからだった。彼女は変わった子どもで、非常に控え目で無為に台所で過ごすことを好んでいた。このことから、誰も彼女のことを気にかけなかったと推測することができる。父親が語っている。「この顕著な精神の不調和が、すばらしい調和に満ちた人生の初めであったことは不思議なことである」。クララの人生は過剰補償の例である。

　聾唖の子どもたちは、特別の教育を受けていることに注意しなければならない。まったく聞こえないということはめったにないということがわかってきているからである。子どもの聴覚が、どれほど欠陥のあるものであっても、少しでも聞くことができるのであれば、その能力は最大になるまで育てられるべきである。ロストック大学のカッツ教授[1]は、音楽の才能がないと思われていた子どもたちを、音楽と音の美しさを十分鑑賞できるまでに訓練できたことを証明している。

　大抵の学校の教科でよい成績を取れる子どもたちが、一つの教科でひどい失敗をすることがある。しばしばそれは数学なのだが、そのことで自分が少し低能なのではないかという疑いを抱くようになる。算数や数学でよい成績が取れない子どもたちが、ある時この教科を怖れるようになり、それに取り組もうとして勇気をくじかれるということがある。計算ができないという事実を誇りにする家族がある。芸術家の家族に時々ある。また、数学は、男の子より女の子にとって困難であるという通念は誤っている。女性で、卓越した数学者、優れた統計学者は数多い。しかし、「男の子は女の子よりも計算が得意である」としばしば聞かされて、そのことで勇気をくじかれる女子学生はたくさんいる。

子どもが数字を扱えるかどうかは重要な指標である。数学は、人間に安全感を与える数少ない分野の一つである。数学は、数字を用いてまわりにある混沌を安定したものにする思考操作である。自分が安全でないと強く感じている人は、通常計算が下手である。

このことは、他の教科についても当てはまる。書くことは、内的な無意識にのみ知られることを紙に固定することであり、人に安全感を与える。絵を描けば、流れゆく視覚的な印象を永遠のものにすることができる。体育とダンスは、身体の安全を達成したことの表現である。特に身体を確実にコントロールすることによって得られる精神的な安全の表現でもある。おそらく、このことが多くの教育者がスポーツを熱心に支持する理由である。

子どもが劣等感を持っているかどうかをすぐに明らかにするのは、水泳を学ぶのに難儀するということである。子どもが楽々と泳げるようになれば、そのことは他の困難をも克服できるということのよい兆候であるといえる。これに対して、なかなか泳げるようにならない子どもは、自分自身も水泳の教師も信頼していない。多くの子どもたちが最初は難儀しているが、後になって上手に泳げるようになるということは注目に値する。もともとの困難に対しては感じやすかったが、ついに成功して、技の完成という目標に最後に成功することで勇気づけられ、しばしばチャンピオンになることがある。

子どもが特に一人だけに愛着を持っているか、それとも、多くの人に関心を持っているかを知ることは重要である。通常、子どもは母親にもっとも深く結びついている。母親がいない場合は、家族の別の成員に結びついている。結びつくという能力は、すべての子どもにそなわっているものである。子どもが母親に育てられたにもかかわらず、家族の他の成員に結びついている時には、なぜそうなのかを発見することが重要である。もちろん、子どもが、すべての愛情と注意を母親にだけ向けるべきであるというのではない。母親のもっとも重要な役割は、子どもの関心と信頼を他の仲間に向けることだからである。祖父、祖母もまた子どもの成長に重大な役割を演じる。通常は子どもを甘やかす役割を演じる。老人は自分たちがもはや必要とされないのではないかと怖れるからである。そこで、誇張された劣等感を発達させることになる。その結果、がみがみ小言を言う批評家になるか、あるいは、子どもにとって重要な存在であるために、子どもがいうことを何一つ断らない、心優しい気立てのよい老人の役割を演じることになる。子どもは祖父母を訪ねると、非常に甘やかされるので、厳しい躾がされている自分の家に帰ることを拒否する。家に帰ると、ここよりも祖父母のところのほうがいいと不平をいう。ここで、祖父母が時に子どもの人生で果たす役割について言及するのは、教育者が子どものライフスタイルを調べる時に、この重要な事実を見逃さないようにするためである。

くる病から起こり、長い間よくならない運動のぎこちなさ（心理学質問表の質問２〈付録Ｉ〉）は、通常子どもが世話を受けすぎ、それゆえ、甘やかされたということを示している。母親はたとえ子どもが病気で特別の注意を必要とする場合ですら、思慮深く子どもの自立心の息の根を止めないようにすべきである。

重要な問いは、子どもが多くの面倒をかけたかどうかである（質問3）。そうであったという答えが得られたら、母親が子どもとあまりに密接に結びついていたことを確信できる。母親は子どものうちに自立心を確立することに成功しなかったのである。このように面倒をかけることは、寝る時、起きる時、食べる時、顔を洗う時、夢にうなされること、おねしょに現れる。これらは、特定の人の注目を得ようとする試みである。次から次へと兆候は現れる。あたかも子どもが、年長の人を支配する闘いで用いるために、武器を次から次へと発見していくかのようである。子どもがこのような兆候を表した時には、子どもを取り巻く人が子どもに対して弱みを示していると確信してよい。罰しても役に立たない。このような子どもたちは、通常、大人をからかって自分たちを罰するように仕向けるが、このような罰が役に立たないということを大人に示すためなのである。

特に重要な問いは、子どもの知性の発達に関わるものである。これは正しく答えることが難しいことがある。ビネ[2]式知能検査をするのが時には望ましいだろう。しかし、この検査は、常に信頼できる結果を示すわけではない。このことは、他のすべての知能検査についてもいえることである。したがって、知能が子どもの一生涯一定であると受け取ってはならない。一般に、知能の発達は、家庭環境に大いに左右される。よい環境の家庭は、子どもたちを援助することができ、身体の発達が優れた子どもたちは、比較的優れた精神の発達を示す。精神の発達がスムーズである子どもたちは、優れた仕事やよい仕事に就くように決められており、他方、成長がゆっくりである子どもには低賃金の仕事が割り当てられているのは不幸なことである。観察してきた限りにおいては、知能の遅れた子どもたちのために特別のクラスを作るという制度が多くの国で導入されているが、この子どもたちの大部分が、貧しい家庭の出身である。貧しい子どもたちは、もっと好ましい環境に育っていたら、疑いもなく、幸運にもより物質的に恵まれた子どもたちと競っても、勝利を収めることができたであろう。

　調査しなければならないもう一つの重要な点は、子どもが嘲りの的であったことがあるか、あるいは、からかわれて勇気をくじかれたことがあるかどうかということである。このような勇気をくじく出来事に耐えることができる子どもたちがいるが、他方、勇気をくじかれ、困難な有益な仕事を避け、注意を外見へと向けてしまう子どもがいる。これは、子どもが自信を持ってないということである。子どもがいつも他の子どもと喧嘩をしていれば、子どもの環境が敵意に満ちたものであることがわかる。もしも自分が攻撃をしなければ、相手が先に自分に攻撃を加えるだろうと考えるのである。このような子どもたちは従順ではない。従順であることは服従することであると考えるからである。挨拶に対して礼儀正しく挨拶を仕返すことを自尊心を傷つけられることだと考える。そこで、生意気な返事をする。泣き言をいわないのは、他の人の同情を自分に向けられた屈辱と考えるからである。他の人の前では泣いたりしない。そして、泣くべき時に笑ってしまうことがある。感情を欠いているように見えるが、実際には、弱みを見せることを怖れているだけである。そのような子どもたちが行う残虐な行為も、実は、どれも隠された弱さが根底にある。本当に強い人であれば、残虐なことをしようなどとは思わない。このような従順でない子どもたちは、しばしば汚くて、自分のことについては無頓着で、爪を噛み、鼻をほじくり、非常に頑固である。彼〔女〕らは勇気づけられなければならない。彼〔女〕らのしていることは、自分が弱虫であると見られるのを怖れているということを示しているにすぎないとはっきりさせなければならない。

　第4問の子どもが友人を簡単に作るか、それとも、そうでないか、リーダーであるか、追随者であるかどうかは、結びつく能力、即ち、共同体感覚の程度、あるいは、勇気を失っている程度と関係がある。さらに、それは従いたい、あるいは、支配したい欲求と関係がある。子どもが自分を孤立させる時、他の人と競えるという自信を持っていないということである。あるいは、優越性の追求が非常に強いので、人の中で従属的な役割しか果たせないことを怖れるわけである。ものを集める傾向がある子どもたちは、自分を強化し他の人より優りたいと願っていることを示している。ものを集めるということの傾向は危険である。なぜなら、容易に深入りしすぎ、過度の野心、あるいは、貪欲、支えとなるものを求めるという全般的な弱さへと発展することになるからである。このような子どもたちは、自分がないがしろにされたり、無視されたと感じると容易に盗みに走る。注目を得られないというようなことを、他の人より多く感じるからである。

　第5問は、子どもの学校に対する態度に関わっている。学校に行く時に子どもたちがぐずぐずしているか、それとも興奮しているか気づかなければならない（このような興奮は気が進まないことを示している）。ある種の状況を前にして子どもたちが持つ怖れは、様々な仕方で表現される。しなければならない宿題があるといらいらする。緊張状態になると心臓がどきどきする。特にある夕イプの怖れは、例えば、性的興奮が示すような器官の変化を示すかもしれない。子どもに成績をつけるという制度は、いつも感心できるものとは限らない。このような仕方で分類されることがなければ、子どもたちは大きな荷を降ろすことになるだろう。学校は一種の恒常的な試験の場になっている。そこではよい点を努力して勝ち取らなければならないが、悪い点を取ることは、永遠の罰を受けることのようである。

子どもは喜んで宿題をするだろうか、それとも、宿題をすることを強いられなければならないだろうか。宿題をすることを忘れるのは、責任を回避する傾向を示している。満足に学校の宿題ができないことや、それに耐えられないことは、何か別のことをしたいので、時に学校をさぼる口実に使われる。

子どもは怠惰なのだろうか。子どもが学校の勉強ができないという場合、その子どもは能力がないのではなく、怠惰を勉強できないことの口実にしたいと考えているのである。怠惰な子どもは、何か一つの仕事をうまくなしとげるとほめられ、このようにいわれる。「もしも怠けていなければ、こんなにたくさんのことができるのに」。子どもはこの意見に満足する。なぜなら、もはや自分の能力を証明する必要はない、と確信するからである。このタイプには、勇気を失い、集中できず、いつも依存的で怠惰な子どもや、自分に注意を引きつけたいので授業中に騒ぐ子どもが属している。

教師に対する子どもの態度はどうかという問いは答えるのが容易ではない。子どもたちは、通常、教師に対しては本当の感情を隠しているからである。子どもがいつも批判ばかりしていて、級友を侮辱しようとする時、この他の子どもの価値を低下させるという傾向は、その子どもが自信を失っているということの兆候であると仮定してもよい。このような子どもたちは、傲慢で、批判ばかりし、いつも他の子どもよりもあらゆることをよく知っている。このような態度で自分の弱さを隠しているのである。

もっと扱いにくいのは、無頓着で、気力がなく、消極的な子どもたちである。彼〔女〕らも仮面を被っている。本当はそれほど無頓着であるというわけではない。このような子どもたちが自制心を失うと、かっと怒りを爆発させたり、自殺を試みる。何かをするように命じられるまでは、決して何もしようともしない。後退することを怖れ、他の人を過大評価する。勇気をくじかれているのである。

スポーツや体育で野心があると見える子どもたちは、他の領域においても野心があるが、失敗を怖れることがある。普通よりもはるかに多くの本を読む子どもたちも勇気をくじかれている。読むことで力を得たいと希望しているのである。このような子どもたちは、豊かで創造的な人生を送っているが、現実に直面する時に臆病になる。どんな種類の物語を子どもたちが好むかに注意を払うことも重要である。小説、おとぎ話、伝記、あるいは客観的で科学的な作品等々。思春期の子どもたちは、容易にポルノに引きつけられる。大都市でどこでもこのような本を売る習慣があるのは不幸なことである。性衝動が増し、性体験をしたいと願うことは、子どもの考えをこの方向へと向けてしまう。このような有害な影響に対して闘うために、次のような手段を取るべきである。子どもを仲間としての役割に対して準備すること、幼い時に性別をはっきりとわからせること、両親と友好的に交わることである。

第6問は家庭の状態に関わっている。アルコール依存症、神経症、結核、梅毒、癲癇などの家族の病気である。子どもの身体についての詳細な生育歴を完全に把握することも重要である。口で息をする子どもは、しばしば愚鈍な顔の表情をしている。アデノイド、扁桃腺炎のため正常な呼吸を妨げられているからである。このような障害を取り除くために手術をすることは重要である。そして、手術をすれば助かると信じることは、学校に戻った時に、学校の勉強に取り組むための十分な勇気を子どもに与えることになる。

家族の病気はしばしば子どもの進歩を妨げる。慢性的に病気である親は子どもたちに大きな負担となる。神経あるいは心の病気は、家族全体を抑圧する。可能ならば、家族の成員が精神病になったということを、子どもが知らないようにするべきである。精神病は、それが遺伝するという迷信は別として、家族全体に影を投げかける。このことは、結核と癌の多くの場合にも当てはまる。このような病気は子どもの心に恐ろしい影響を与え、時にはこのような家庭の雰囲気から子どもを離すことがずっとよいことがある。家族のうちにある慢性的なアルコール依存症、犯罪の傾向は、毒のような作用をする。これに対して子どもはしばしば抵抗することができない。しかし、このような家庭から引き離された子どもにしかるべき居場所を提供することは難しいことである。

家庭の経済的状況が子どもの人生観に影響を与えるという事実は見逃がすことはできない。他の子どもたちのよりよい環境と比べて貧乏であるということは、十分でないという感情を引き起こす。適度に裕福な子どもたちは、家族が没落して、慣れていた家族の安楽なしでやっていくことは難しいと思う。祖父母が両親よりも裕福である場合は、緊張はさらに大きなものとなる。ペーター・ゲント(3)の場合のようである。彼は、祖父は非常に力があったのに、父があらゆることに失敗したという思いから逃れることができなかった。怠惰な父に対する抗議として、子どもが勤勉になることも稀ではない。

死と初めて接することは、それが突然やってきた場合、子どもは大きなショックを感じ、子どもの全生涯に影響を及ぼすことになる。死に対して準備がされておらず、突然それと直面することになった子どもは、初めて人生には終わりがあることを認識する。このことは、すっかり子どもの勇気をくじくことになるかもしれない。あるいは少なくとも、非常に臆病にさせる。医師の伝記には、しばしばこの職業を選んだのは、死と突如として出会ったからである、と語られている。このことは、子どもは死を認識することで大いに影響を受けるということを証明している。子どもにこの問題で重荷を負わせることは勧められない。この問題を完全に理解することはできないからである。孤児や養子になった子どもは、しばしば両親が死んだことに自分の不幸の原因を帰する。

家族の中で決定的な発言をするのが誰であるかを知ることは重要である。通常、それは父親である。母親か継母が主導権を持っている時は、子どもの成長に普通でない結果をもたらし、父親はしばしば子どもたちの尊敬を失う。支配的な母親の息子たちは、女性を怖れるようになり、それを拭い落とすことはめったにできない。このような男性は、女性を避けるか、その男性の家族にいる女性の人生を愉快でないものにする。

　さらに、子どもの教育が厳格なものであったか、甘やかしであったかを知ることも重要である。個人心理学者は、子どもを育てる時に、厳格な方法も甘やかしの教育も用いるべきではないと考えている。必要なことは、理解すること、誤りを避けること、子どもが問題に直面してそれを解くように、そして、共同体感覚を持つように、いつも勇気づけることである。子どもにがみがみいう親は、子どもたちを害することになる。子どもの勇気を完全にくじくことになるからである。他方、甘やかしの教育は、依存的な態度と、一人に執着する傾向を助長する。親は、世界は薔薇色のものである、といったり、世界を悲観的な言葉で描写することを避けるべきである。親の課題は、子どもが自分で自分のことができるように、できるだけ優れた人生の準備をすることである。困難に直面することを教えられなかった子どもたちは、あらゆる困難を避けようとするだろう。そのことが、子どもの活動範囲を狭いものにすることになる。

　子どもの世話を誰がするかを知ることも重要である。母親がいつも子どもと一緒にいる必要はない。しかし、誰に子どもの世話を委ねているかを知ることは重要である。子どもを教育する最善の方法は、経験から学ばせることである（もちろん、道理に適った範囲で）。これは、子どもの行動が、他の人が彼〔女〕に課した制限ではなく、事実の論理によって導かれるようにするためである。
第7問は、家族の中の子どもの位置に関わっており、子どもの性格に大きな影響を与える。一人っ子は特別の状況にある。女の子ばかりのきょうだいの末子の男の子、あるいは、男の子ばかりの中の末子の女の子も特別の位置にある。

第8問は職業の選択に関わる。これは重要な問いである。環境の影響、子どもたちの持っている勇気と共同体感覚の量、子どもの人生のリズムを明らかにするからである。白日夢（第9問）も、早期回想（第10問）と同様、重要である。早期回想の解釈法を学んだ人は、そこからしばしばライフスタイルの全体を発見することができる。夢もまた子どもが進んでいく方向を示している。問題を解決しようとしているか、回避しようとしているかを示しているのである。子どもが言葉の欠陥を持っていないことを知ることも重要である。さらに醜いか、容姿がいいか、均整が取れているか、それとも不格好かを知ることも重要である（第13問）。

第14問。子どもは自分の状況を隠さないで話すか、それとも話さないか。劣等感の補償として自慢したがる子どもがいるが、他方、話すことを拒否する子どもたちもいる。話したことにつけこまれるのではないかと怖れるのであり、自分の弱点をあらわにすれば、新たにいじめられるのではないかと怖れるからである。

第15問。一つの教科、例えば、絵を描くこと、音楽で成功する子どもは、これを基にして他の教科でも上達するように勇気づけなければならない。

十五歳になっても何になりたいかわからない子どもたちは、勇気をくじかれているのであり、そのように扱われなければならない。兄弟姉妹の社会的な身分だけではなく、家族の成員の職業を考慮に入れなければならない。子どもの発達の全体は、両親の不幸な結婚によって害されることがある。思慮深く行動し、子どもと子どもの環境について正しい像を得、質問表から得られた知識にかなった仕方で、子どもを扱い、子どもをよくしようと試みることが教師の義務である。

第七章　共同体感覚とそれの発達の障害　家族における子どもの位置

これまでの章で論じた優越性の追求の場合とは対照的に、多くの子どもと大人に、他の人と結びつき、仕事を家の人と協力してなしとげ、社会的観点から自分を一般的に有用なものにしようとする傾向が見られる。このような表れは、共同体感覚という概念でもっともよく表現することができる。この感覚の根源は何であろうか。これについてはかなり議論がある。しかし、私が見出すことができた限りでは、共同体感覚は人間の概念に分かちがたく結びついた現象と関係があるように思われる。

この共同体感覚が、どのような意味で優越性の追求よりも生まれつきのものであるかとたずねる人があるかもしれない。両方とも根底には同じ核を持っているといえば答えになるだろう。個人的な優越性の追求と共同体感覚は、人間の本性の中の同じ根拠に基づいているのである。いずれも、認められたいという本源的な要求の表現するものである。それらは形が異なるように、その異なった表現形式が、人間の本性についての二つの異なった暗黙の判断を生み出す。即ち、個人の観点からすると、優越性の追求は、個人は集団なしにやっていくことができるという理解に基づいており、他方、共同体感覚は、個人は集団に依存しているという見解を出発点としている。人間の本性に関しては、共同体感覚が、個人的な優越性追求の努力より優れているということは疑いない。前者は、より健全な、そして論理的により根本的な見解を表しているが、他方、後者は人間の生活においては心理的な現象として見出されるとしても、表面的な見解にすぎない。

どのような意味で、共同体感覚は真理であり理にかなっているかを見ようとするならば、人間を歴史的に考察すればわかる。そうすれば、人間は常に集団で生きてきたということに気がつくであろう。この事実は、単独では自分を守ることができない生き物は、自衛のために一緒に住むよう強いられてきたことを考えると驚くに足らない。人間をライオンと比較しさえすれば、人間は動物の種として見た場合、非常に危うい状態で生きているが、人間と大きさの点で匹敵する他の大抵の動物は、力はもっと強く、生まれつき身体を使って攻撃し防御するために、人間よりも優れた武器を身につけている。ダーウィンは、自然が防衛の装備を与えなかった動物はいつも群れをなして生き移動することを観察した。例えば、オランウータンは力が並外れて強いので、伴侶と一緒に生きているが、オランウータンよりも小さくて弱い猿は、いつも群れている。ダーウィンが指摘したように、集団の形成は自然が個々の動物に拒絶したもの――爪、裂肉歯、翼――の補償となっている。

集団を形成することは、個々の動物が個体としては持っていないものを補償するだけではなく、自分たちの状況をよりよくし、安全にする新しい防衛の方法を発見できるようにする。例えば、敵が近くにいるかどうかを発見するために、斥候を送り出す方法を知っている猿の集団がある。このようにして、猿は集団の力を集団の成員の弱さを補うより以上に最大限に発揮する。また、バッファローは群れをなして、はるかに力の強い個々の敵から守ることに成功する。

この問題を研究した動物社会学者は、また、このような集団にしばしば法律に似た制度があることが発見されることも報告している。そこで、前方へ送られる斥候は、ある規則に従って生きなければならず、あらゆる失敗、批判は、群れの全体によって罰せられる。

この連関で、多くの歴史家が、人間のもっとも古い法律は、種族の見張りに関係があったと主張していることは興味深いことである。もしもそうであれば、集団の観念は、弱い動物が自分たちを守ることができないということから作り出されたと考えることができる。ある意味で、共同体感覚は、常に身体の弱さを反映したものであり、それとは切り離すことができないのである。かくて人間の場合は、おそらく共同体感覚をもっとも促進するのは、無力であるということ、幼児と子どもがゆっくりと成長することである。

動物の生活全体において、子どもがこのようなまったく無力な状態で生まれてくるのは、人間だけである。大人になるまでに、無数のことをまだまだしなければならないからではなくて、子どもの成長の仕方にこのことの理由はある。子どもたちははるかに長い時間、親の保護を必要とするが、もしもこのような保護を得られなければ、人類は滅びてしまうだろうからである。子どもの身体の弱さは、教育と社会志向を互いに結びつける機会と見ることができる。教育が必要なのは、子どもが身体的に未熟だからである。そして、教育の目標は、子どもの未熟さは集団に依存することによってのみ克服できるという事実によって与えられる。教育は、必ず社会的な目標に従わなければならない。

子どもの教育の規則と方法のすべてにおいて、共同体の生活、それへの社会適応の理念を見失ってはいけない。気づいていようがいまいが、われわれは共同体の見地からよい行いを好ましいと思い、社会にとって一般的に不利益であったり有害な行いを好ましいとは思わないのである。

われわれが目にするすべての教育上の誤りは、共同体に対して有害な影響を及ぼしているというただそれだけの理由で誤りである。他方、すべての偉大な業績、人間の能力のあらゆる発達は、社会生活という圧力のもと、共同体感覚の方へと向けて行われる。

言葉を例に取ろう。たった一人で生きている人であれば言葉の知識はいらない。人間が言葉を発達させたということは、共同生活が必要であるということの明白な証拠である。言葉は人間同士のはっきりとした結びつきを確立し、同時に共同生活が作り出したものである。言葉の心理は、共同体の理念を出発点として用いて初めて理解できる。一人で生きている人は、言葉に関心がない。子どもが、共同体の参加というこの広い基礎を欠いて孤立して成長すれば、その子どもの言葉の能力は遅れるであろう。いわゆる言葉の才能は、人が別の人と結びついて初めて獲得され、上達するのである。

普通は、他の人よりも自分のことをより上手に表現できる子どもたちは、単純に才能があると見なされている。しかし、これは本当ではない。話したり、言葉を使って交わることを困難に感じる子どもたちは、通常、強い共同体感覚を持っていない。うまく話すようにならない子どもたちは、しばしば甘やかされた子どもたちである。子どもが何かを言葉を発して頼もうとする前に、母親があらゆることをしてしまうのである。言葉を使う必要がないので、他の人との結びつきと社会適合の能力を失ってしまう。

　子どもが話を終わる前に親が口を挟んだり、自分で答えることを許されない子どももいる。笑われたり、馬鹿にされたりして、勇気をくじかれる子どももいる。このように、いつも矯正したり、あら探しすることは、子どもの教育に見られる悪習である。このことの恐るべき結果、このような子どもたちは、貶められ、劣っているという感じを長年にわたって持ち続けることになる。これは、何かをし始める時に「でもどうか笑わないでください」と決まり文句をいう人に認めることができる。これはしばしば耳にすることである。このような人は、子どもの時にしばしば馬鹿にされて笑われたことがあるのである。

　両親がともに聾唖であるが、自分は話すことも聞くこともできた子どもは、怪我をした時、いつも声を立てないで泣いた。両親に自分の苦痛を見せる必要はあったが、声に出して伝えても役に立たなかったのである。

　人間が持っている他の能力の発達、例えば、理解や論理力の発達は、共同体感覚なしには考えられない。一人で住んでいる人は論理を必要としない。少なくとも他の動物が必要としないのと同じくらい論理を必要としない。他方、いつも他の人と交わっており、言葉と論理とコモンセンスを使って他の人と交わらなければならない人は、共同体感覚を獲得し、発達させなければならない。これがすべての論理的思考の究極の目標である。

　時に、人の行為が愚かに見えることがある。けれども、実際には、そのような行為は、その人の個人的な目標に照らせば完全に理解できる。このことは、他のすべての人は自分と同じように考えなければならないと考える人の場合にしばしば起こる。このことから、判断にあたって、共同体感覚やコモンセンスの要素がいかに重要であるかがわかる。もしも、共同体の性格がそれほど複雑ではなく、個人にあまりに複雑な問題を与えるのでなければ、コモンセンスを発達させることが必要でないことはいうまでもない。原始人が原始的なレベルに留まったのは、比較的単純な生存様式がより深く思考するように刺激しなかったからであるということは容易に想像できる。

　共同体感覚は、論理的に話し考えるという人間の努力において重要な役割を果たす。この二つはほとんど聖なるものと見なしてよいものである。もしもすべての人が自分が生きている共同体のことを考えずに問題を解こうとしたり、自分にしか理解できない言語を使えば混乱が起きるであろう。共同体感覚は、誰もが感じることができ、人生の支えである安全を与えてくれる。論理的な思考や真理から引き出される確信とはまったく同じではないが、その確信のもっとも明白な要素である。例をあげれば、なぜ計算したり数を数えたりすることが、あらゆる面で確信を持って受け入れられ、数で表現できるものだけが無条件に真理であると受け入れられる傾向があるのだろうか。数の操作は、他の思考過程よりも、仲間に容易に伝えられ、同時に、容易に扱えるからである。他の人に伝えることができず、他の人がわれわれと共有しない真理は、あまり信用できない。プラトンがすべての哲学のモデルを数と数学に求めようとした時に、このような考えがあったことは疑いない。共同体感覚との結びつきは、プラトンが哲学者に対して「洞窟」へと戻ること、即ち、仲間の生活に参加することを要求したという事実からより明白になる。哲学者でさえ、共同体感覚から生じる安全なしに、しかるべく生きることはできない、とプラトンは考えたのである。

　安全の感覚をいわばあまり積み重ねていない子どもたちは、他の子どもたちと交わったり、自分の発意で何かをやりとげなければならない時に、安全の感覚を持っていないことをはっきりと示す。とりわけ、数学のような客観的で論理的な思考を必要とする学校の教科で、このことを明らかにする。

　人が子ども時代に用意しなければならない基本的な考え方（例えば、道徳的感情、倫理など）は、通常一方的に提示される。一人で生きることを余儀なくされる人にとっては、倫理は考えられず、意味がない。道徳は、われわれが共同体と他の人の権利を考える時にだけ現れるのである。この考え方は、美的な感情や芸術的な創造物の好みを考える時には、支持することは少し困難である。しかし、芸術の領域においてすら、おそらく健康、力、正しい社会の発達などの理解に根源のある、総じて一貫した印象を認めることができる。芸術に関する限り、境界には融通性がある。そして、個人の趣味を受け入れる余地はおそらくより多くある。しかし、概して、美学も社会の基準に沿っている。

もしも子どもの中で共同体感覚がどの程度発達しているかはどのようにすればわかるであろうかという実際的な質問が出されたら、ある行動の表現を考察しなければならない、と答えるだろう。例えば、子どもたちが優越性を追求して、他の子どものことを考えずに先頭へと無理をして出ていこうとするのを見れば、そのような子どもたちは、このような行動をしない子どもたちと比べて、共同体感覚をあまり持っていないと確信することができる。われわれの現代文明において、いくらかでも個人的な優越性を追求したいと思わない子どもを想像することはできない。その結果、子どもの共同体感覚は、通常、十分発達していない。このことが、人類の批評家、古今の道徳家が、人間は本性的に利己的で、他の人のことよりも自分のことを考えている、と常に嘆いてきたことである。これはいつも説教の形で表現されてきたが、子どもにも大人にも効果はなかった。この「他の人のことを考えよ」という格言だけでは何も変えることはできず、ついには、他のすべての人も自分とは変わらないと考えることで自らを慰めたからである。

考えが混乱しており、既に有害な、あるいは犯罪的な傾向を発達させた子どもたちを治療する時は、どれほど説教しても、これまで何の効果もなかったことを認めなければならない。このような状況においては、根を抜けば悪を根絶することができるように、もう少し深く穴を掘ることがずっと望ましい。いい換えれば、裁判官の役割を放棄し、仲間や医師の役割を果たさなければならないということである。

もしも絶え間なく子どもにお前が悪い、馬鹿だといい続けると、子どもはほどなくして大人のいっていることは正しい、と確信し、その後どんなものであれ与えられた仕事に取り組むための十分な勇気を持たないことになるだろう。ついには何をしても失敗するようになる。もともとは、まわりのものが自信を失わせたのであり、この誤った判断が正しいということを証明するために、無意識的に人生を整えているということを理解していない。自分は仲間ほど能力がない、能力と可能性が限られていると感じることになる。その態度は、明らかに、勇気をくじかれた心の状態を示している。そして、この心の状態は、少年に対して、好ましくない制限を与え、環境が働きかけた圧力の強さに正比例する。

　個人心理学は、子どもがなすすべての誤りにいつも環境の影響を認めることができるということを示そうとしてきた。例えば、乱雑な子どもはいつもものをきちんと片付ける子どもたちの影にいるのである。嘘をつく子どもは、嘘をつく子どもを厳しく罰することで嘘をつかないようにしたいと考える支配的な大人の影響下にある。子どもが自慢することに、環境の影響を見て取ることすらできる。このような子どもは、いつもほめられることが必要だと感じているのであって、彼〔女〕に任された仕事をうまくやりとげることではないのである。そして、優越性を追求する中で、家族から賞賛の発言を聞き出そうとしているのである。

　すべての子どもの人生に、親が通常見逃しているか、あるいは誤解している状況がある。兄弟姉妹がいる家庭で育つ子どもは、それぞれの異なった状況のうちにいる。第一子の立場は、しばらくの間一人っ子であったという独自のものである。第二子はこのような経験をしない。末子は、すべての子どもが経験するというわけではない経験をする。しばらくの間、その環境の中でもっとも小さく弱い存在であり続けるからである。これらの状況にはバリエーションがある。二人の兄弟、あるいは姉妹が一緒に育つと、生物学的に先に生まれ能力があるものが、年下のきょうだいがまだ克服していない困難を克服してしまっている。このような二人の子どもたちの年下の方は、不利な立場にあり、そのことに気づきもする。この劣等感を補償するために、子どもは兄、姉に追いつくために優越性の追求を増すことになるかもしれない。

長い間子どもに取り組んできた個人心理学者たちは、通常、子どもたちが家族の中で占めてきた立場を見て取ることができる。兄、姉が正常の進歩をとげた場合は、弟、妹は兄、姉に追いつくためにもっと努力するよう励まされる。その結果、弟、妹は、より活動的で積極的であるのが普通である。もしも兄、姉が弱くて、ゆっくりと成長してきたのであれば、弟、妹は競争する時に、このような激しい努力をすることを強いられない。

それゆえ、子どもが家族の中でどんな位置を占めたかを知ることが重要である。家族布置の中での位置が確認されて初めて子どもを理解することができるからである。家族の末子は最年少であったという事実の紛れもない兆候を示している。もちろん例外もあるが、もっともよくある末子のタイプは、他のきょうだいよりも秀で決して静かではなく、いつもついには他のすべての人以上にならなければならないと感じ、そのように信じて、さらなる行動へとかきたてられるというものである。このことを観察することは、どんな教育方法を採用すればよいかを決定するので、子どもの教育にとって重要である。すべての子どもたちを扱うのに同じ教育の規則に従うことができない。どの子どもも独自なのであって、われわれは子どもたちをある一般的なタイプに従って分類することがあるが、それぞれの子どもを個人として扱うように注意しなければならない。この条件は、学校ではほとんど満たすことは不可能だが、家庭では確実に満たされる。

末子は、いわばどんな写真の中でも前にいたいと思い、多くの場合、そのことに成功する。これはきわめて重要な考察である。性格は遺伝されるという見解をかなり疑わしいものにするからである。異なった家庭の末子がこれほど互いによく似ているのであれば、遺伝を信じる余地はほとんどないわけである。

末子のもう一つのタイプは、先に述べた積極的なタイプとはまったく対照的に、すっかり勇気をくじかれている。このような子どもは、この上もなく怠惰である。見かけ上のこれら二つのタイプにおける大きな違いは心理学的に説明することができる。他のすべての人に秀でようと法外な野心を持っている人は、誰よりも困難によって容易に傷つけられる。そのような人の野心は、彼〔女〕を不幸にする。障害がほとんど打ち克ちがたいと思われる時には、このような重大な目標を立てて努力していない人よりも、早く逃げ出してしまう。末子のこれら二つのタイプは次のようなラテン語の諺が体現している。「カエサルか、それとも、つまらない人か」（カエサルにあらずんば、人にあらず）。われわれは「すべてか無か」という。

聖書に、われわれの経験とまったく一致する、末子についてのすばらしい例を見つけることができる。例えば、ヨセフとダビデとサウル[1]の物語である。ヨセフには年下の弟ベニヤミンがいたではないかという反論があるかもしれない。しかし、これに対しては、ベニヤミンが生まれたのはヨセフが十七歳の時だったということで反論できる。だから、ヨセフは、子ども時代は末子だったわけである。末子に支えられている家族がいかに多いことか。末子についてのわれわれの見解は、聖書だけではなく、おとぎ話の中にも見出すことができる。末子が他のきょうだいより優らないようなおとぎ話はない。ドイツ、ロシア、北欧、中国のおとぎ話では、末子は常に征服者である。これは単なる偶然ではない。おそらく、昔は末子のタイプは今日よりも目立っていたからであろう。このタイプは原始的な状況にあってはおそらく容易に目についたので、よく観察されたに違いない。

子どもたちが家族布置の中での自分たちの位置に応じて発達させる特徴について、もっと多くのことを書くことができる。第一子もまた共通した多くの特徴を持っている。第一子は、二つか三つのタイプに分類することができる。

私は長い間この問題を研究してきたが、たまたまフォンターネ[2]の自伝の中の次のような一節にぶつかるまでは、この問題ははっきりとした形を取ってはいなかった。フォンターネはそこで、フランスからの移民である父親が、ロシアに対するポーランドの戦争に参加した様子を述べている。父親は、例えば、一万のポーランド人が五万のロシア人を倒し敗走させたということを読むといつも非常に上機嫌だった。フォンターネには父が喜ぶわけがわからなかった。それどころか、五万のロシア人が一万のポーランド人よりも強いのは当然だ、と大いに異議を唱え、「もしもそうでなければ気にくわない。強者はいつも強者であるべきだから」といった。このパラグラフを読んで、私はただちにフォンターネは第一子だという結論に達した。このようなことをいうのは第一子だけだからである。フォンターネは、一人っ子であった時に、家族の中で力があったことを覚えている。そして、弱者によって、その王座から転落したことを不正であると感じているのである。実際、第一子は常に保守的な傾向を持ってることが明らかにされた。力、規則、破ることができない法律を信じている。専制政治を非常に素直に弁解することなく受け入れる傾向がある。力のある地位に対して正しい態度を持っている。一度は自分でもこのような地位についていたからである。

第一子のタイプにも例外がある。ここで言及しておくべき一つの例外がある。それは子どもの人生の問題に関わるが、これまで無視されてきた。即ち、妹ができた時の兄の悲劇的な役割である。混乱し、すっかり勇気をくじかれた少年のことがしばしば語られてきたが、トラブルが、年下の賢い妹に関係があるという事実そのものは言及されてこなかった。このようなことがしばしば起こるのは偶然ではない。それを説明する自然な説明があるからである。現代の文明においては、男性の方が女性よりも重視されている。第一子の息子は、親の期待が大きいので、しばしば甘やかされる。妹が突然現れるまでは、彼の状況は好ましいものである。そのように甘やかされた兄のいる状況の中に妹が入ってくる。兄は妹のことを困惑させる侵入者と見なし、妹と競う。この状況は、妹に並外れた努力をするようにかきたてることにもなる。もしも挫折しなければ、この刺激は生涯にわたって影響を与えることになる。妹は早く成長し兄を脅かす。兄の方は、突然男性が優越しているという虚構が破壊されるのを見る。そして、不安定になり、十四歳から十六歳までの間の少女は、精神的にも身体的にも、同じ年頃の少年よりも早く成長するというのが自然の理なので、兄の不安定さは、完全な敗北に終わることになりがちである。自信を簡単に失ってしまい、闘いを断念し、納得いく口実を準備し、困難を持ち出してきて、そのことを競うことをやめることの口実として使う。

困惑し、希望を失い、どういうわけか怠惰であったり、妹と競うだけの力が自分にはないと感じるという理由で、神経質になっている第一子の兄は多い。このような少年たちは、異性に対して信じがたいような憎しみを持っていることがある。彼らの運命は痛ましいものである。彼らの状況を理解し、そのことを子どもたちに説明できる人はほとんどいないからである。親や家族の他の成員が「どうして反対でないの？　どうして、男の子と女の子は逆じゃないの？」と不平をいうまでになる。

何人か姉妹がいて、その中の一人だけが少年である子どもも共通の特徴を持っている。少女が数人で少年が一人だけであれば、家族の雰囲気がもっぱら女性的になることを防ぐことはできない。すべての家族の成員に非常に甘やかされるか、すべての女性が彼だけをのけ者にするかのどちらかが起こる。この両者の少年たちの成長の仕方は、当然違ったものである。しかし、ある性格特性は彼らのすべてに共通である。少年は女性の手だけで育てられるべきでないという考えが広まっていくのをわれわれは知っている。これは文字通りに解してはならない。どんな少年も最初は女性に育てられるからである。そのことの本当の意味は、少年は女性の環境の中で育てられてはならないということである。これは女らしさに反対する議論ではなくて、このような状況から生じる誤解に反対する議論である。これはまた少年の間で育った少女にも当てはまる。少年たちは、通常少女たちを蔑すみ、結果として、少女は少年と対等になろうとして少年を模倣しようとする。しかし、このことは、少女の後の人生にとって不幸な準備となる。

　どんなに寛容な人であっても、少女たちは少年たちのように育てられるべきであると信じる人の意見に同調するわけにはいかない。しばらくの間はそうすることはできる。しかし、避けることができない違いがすぐに現れる。人は人生において身体の構造の違いによって規定される異なった役割を演じなければならない。これは職業の選択においても役割を演じ、女性の役割に満足しない少女たちは、時に自分たちに開かれた職業へと自分を適合させることを非常に困難に感じる。結婚に対する準備の問題についていえば、女性の役割への教育は、男性の役割への教育とは異なったものでなければならないことは明らかである。自分の性に満足しない少女たちは、結婚は個人的な堕落であるとして、結婚に反対するだろう。あるいは、結婚しても男性を支配しようとする。少女のように育てられた少年たちも、われわれの文明の現代の形態に自分を適合させることに非常な困難を経験する。これらすべてを考察する時に忘れてはならないのは、子どものライフスタイルは通常四歳から五歳までに決定されるということである。この頃までに子どもは、共同体感覚と、社会適応のために必要な柔軟さを発達させなければならない。通常、子どもが五歳になるまでに環境に対する態度は固定化され無意識化されるので、後の人生では、多かれ少なかれ同じ方向に進むことになる。子どもの外界についての統覚は同じものとして留まる。子どもは統覚の罠にはまり、やむことなく本来の統覚の機構と、そこから結果する行動を繰り返すのである。共同体感覚は、個人の精神的な地平線の限界によって限られる。

第八章　状況と治療の心理学

われわれが見てきたところでは、子どもたちの成長は、環境との関係で自分が占めている位置について無意識に解釈していることに一致する。さらに、第一子、中間子、末子は違った仕方で成長し、しかも、家族布置におけるそれぞれの独自の位置に従って成長するということも見た。この初期の子ども時代の状況は、子どもが発達させる性格の試験と見なしてもいいのである。子どもの教育は、いくら早く始めても早すぎるということはない。子どもは成長するにつれて、自分の行動を規制し、様々な状況に対する反応を決定する多くの規則や定則を発達させる。子どもがまだ幼い時は、将来の行動を導くために作り上げている特定のパターンを示すものはほとんどない。後になって、何年も訓練を受けた結果、この行動パターンが固定され、もはや客観的な観点に従って反応せず、過去の経験の総和についての無意識的な解釈に従って反応するようになる。子どもが、個々の状況や、個々の状況を処理する自分自身の能力について間違った解釈をした場合、この誤った解釈が子どもの行動を決定し、論理やコモンセンスがどれほどあっても、もともとの子どもっぽい解釈が矯正されるまでは、大人になってからも行動を変えることはできない。

子どもの発達には常に主観的なものがある。教育者が見つけなければならないのは、この個別性である。子どもを教育する時に、一般的な規則を適用することを妨げるのは、この個別性である。これがまた、同じ規則を適用しても、子どもによって結果が異なったものになることの理由である。

他方、子どもたちが同じ状況でほとんど同じ仕方で反応するのを見るとしても、自然法則によるわけではない。人間の理解の欠如には共通性があるので、同じ誤りをしやすいというのが真相である。子どもは、家庭に別の子どもが現れると、常に嫉妬を感じるようになると一般に信じられている。例外があるということが、このような一般化に対する一つの反論となる。もう一つの反論は、弟か妹かが生まれることに対して、子どもたちをどのように準備するかを知っていれば、嫉妬をしないということである。誤りをする子どもは、山の中で小道の前に立つ人に喩えることができる。どこへ、どのように進んでいいのかわからない。とうとう正しい道を見出して、近くの町へ着いた時、人々が驚いて、次のようにいうのを耳にする。「あの道に迷い込んだ人は、大抵の人は迷ってしまうものなのに」。子どもたちの誤りも、しばしば、このような誘惑的な道に沿ってなされる。その道は容易に歩けるように見え、それゆえ、子どもを引きつけるのである。

他にも子どもの性格にはかりしれない影響を与える多くの状況がある。一つの家庭に、しばしばよい子どもと悪い子どもという二人の子どもが見られる。状況をもう少し仔細に調べると、悪い子どもは優越性への強い欲求を持っており、他のすべての人を支配したいと思い、自分の力のすべてを環境を支配するために使う。家の中はその子どもの叫び声で満ちている。これとは対照的に、もう一人の子どもは静かで謙虚であり、家庭のお気に入りであり、もう一人の子どもに対して模範として示される。親は、同じ家族の中にこのような対照的な子どもがいることをどう説明していいかわからない。調べてみると、よい子どもの方は、優れた行動でははるかに認められることを知っており、悪いきょうだいと競って、状況次第で成功を収めていることがわかる。二人の子どもたちの間で、このような競争関係がある時、第一子が、第二子よりよくあることで第二子に優るという希望を断念し、その結果、反対の方向で、即ち、できるだけいたずらな子どもであることで第二子に優ろうとすることは理解できる。しかしわれわれの経験では、このようないたずらな子どもたちを、他のきょうだいよりもずっと優れた子どもに変えることができる。また、強い優越性の欲求は、いずれかの極端な方向に現れるということも、われわれは経験してきた。同じことは、学校においても見ることができる。

　同じ状況で育ったからといって、二人の子どもがまったく同じになると予言することはできない。二人の子どもがまったく同じ状況で育つということはないからである。行儀のよい子どもの性格は、行儀の悪い子どもに大いに影響を与える。実際、もともと行儀がよかったが、後になって問題のある子どもになることはよくある。十七歳の少女のケースがある。この少女は、十歳までは模範的な子どもだった。十一歳年上の兄は、十一年間も一人っ子として、大変甘やかされていた。妹が生まれた時、嫉妬はしなかった。ただ、いつもの行動を続けただけである。妹が十歳になった時、兄は長い間家から離れるようになった。そこで少女が一人っ子の位置を占めることになった。この状況に置かれることになった少女は、どんな犠牲を払っても自分の思う通りにしたいと思うようになった。金持ちの家に育ったので、子どもの時は、どんな願いでも満たすことができた。しかし、大きくなるといつもそういうわけにもいかなくなり、不満を示し始めた。早い時期から、家族の経済的な名声に頼って、借金をするようになり、すぐにかなりの額の借金を背負い込むことになった。これは、願望を満たすために別の道を選んだということを意味している。母親が彼女の要求に屈するのを拒否した時、よくふるまうことをやめた。母との涙ながらの喧嘩が始まった。少女の性格は、非常に嫌なものになった。このケースや、これに似た他のケースから引き出すことのできる一般的な結論は、子どもは優越性の追求をよい行動をすることで満たすことがあるということ、それゆえ、状況が変わってもこのようなよい行動が続くかどうかは確信できないということである。われわれの心理学質問表の利点は、子どもの環境とそのすべての成員に対する関係について、包括的な像を明らかにすることにある。そこには、いつも子どものライフスタイルが示されている。子どもと、質問表から得られる情報を検討すると、子どもの性格特性、感情、ライフスタイルは、どれも優越性の追求を促進し、重要であるという感覚を増し、自分の世界の中で名声を得るために使われる道具であることがわかるだろう。

　学校にはしばしば、このような記述とは矛盾すると思われるタイプの子どもがいる。控え目で、知識、訓練、矯正を受けつけない怠惰な子どもである。自分自身の幻想の世界に生きており、いかなる時も優越性を追求する姿勢を見せない。しかし、十分経験を積めば、それがもちろん不合理なものではあっても、これもまた優越性の追求の一つの形であることを認めることができる。このような子どもは、有用な手段では、成功を収めることができないと信じている。その結果、向上のためのあらゆる手段と機会を避ける。自分を孤立させ、頑固な性格の持ち主であるという印象を与える。しかし、この頑固さは、子どものパーソナリティ全体を巻き込むものではない。その背後には、傷つくことから自分を守るために、この外面的な無関心さを必要とする並外れて感じやすく、ショックを受けやすい心を常に見出すことができる。このような子どもは鎧を着て、誰も近づかないようにしているのである。

　このタイプの子どもを話す気にさせる方法を見つけるのに成功する時、彼〔女〕があまりに自分の世界に入り込み、いつも白日夢や空想に耽っていることに気づく。その中では子どもは偉大であったり、優れているように見える。現実は、このような子どもたちの白日夢からはほど遠いものである。夢の中で、彼〔女〕らは他のすべての人を征服する英雄である。あるいは、苦しんでいる人を助ける殉教者である。救済者を演じる傾向は、しばしば子どもの白日夢だけではなく行動に表れる。誰かが危険に陥っていると、必ず助けにかけつける子どもがいる。白日夢の中で救済者の役を演じたことのある子どもは、現実においても、その役割を演じるために自分自身を訓練する。そして、あまり勇気をくじかれているのでなければ、機会があれば、その役割を演じることになる。

　ある種の白日夢は、頻繁に繰り返される。オーストリアでは、君主制の時代に、王や王子の一人を救うという白日夢を見る子どもたちがたくさんいた。親たちは、もちろん、子どもたちがこのようなことを考えているとは知らなかった。ここで明らかなことは、あまりに白日夢に耽る子どもたちは、自分を現実に合わせることができず、自分を有用なものにすることができないということである。このような場合、空想と現実には大きな隔たりがある。時には中道を選ぶ子どももいる。白日夢は見続けるが、部分的には、現実に適応するのである。他の子どもたちは、まったく適応せず、次第に現実から退き、自分自身で創り出した私的な世界へと入っていく。他方、また、想像力の創り出したものとは関係を持ちたいとは思わず、現実——旅行記や狩猟記や歴史など——とだけ関わる子どももいる。

子どもが現実を喜んで受け入れるだけではなく、想像力を持っているということは疑いない。しかし、子どもたちが、われわれのようには、物事を単純に見ておらず、世界をはっきりと二つの対極へと分けがちであるということを忘れてはならない。子どもを理解する時に、心に留めておかなければならない非常に重要な事実は、子どもたちには、あらゆるものを反対のものへと分ける強い傾向があるということである（上と下、あらゆるよきものと悪しきもの、賢いものと愚かなもの、優れたものと劣ったもの、すべてと無というふうに）。大人たちも、これと同じ反対の枠組みを使う。このような思考形式から自由になることが難しいことはよく知られている。例えば、科学的には、熱い、冷たいの違いは、温度の違いだけであることを知っているのに、それらを反対物と見てしまう。

統覚のこのような正反対のパターンは、しばしば子どもに見ることができるが、そればかりか、哲学の始まりにも見て取ることができる。初期ギリシア哲学は、この反対物の考えで支配されている。今日ですら、ほとんどすべての素人の哲学者は、価値を反対物によってはかろうとする。彼らのあるものは、生と死、上と下、ついには、男と女という表を作った。現代の子どもっぽい統覚の枠組みと古代の哲学的な統覚の枠組みの間には重要な類似性がある。世界を反対物へとはっきりと分けることに慣れている人たちは、子どもっぽい思考形式を持ち続けていると仮定してよいだろう。

　このような正反対のパターンに従って生きる人は「すべてか無か」という格言で表現される思考様式を持っている。もちろん、このような理想をこの世界で実現することは不可能である。しかしそれにもかかわらず、このような人たちは、これに従って人生を規制している。すべてを持つか、それとも何も持たないかということは不可能である。このすべてと無という二つの極端の間には、千と一の段階がある。強い劣等感を持っている子ども、補償として過度に野心的になる子どもに、主として、この決まり切ったやり方を見ることができる。歴史には、このような人が何人か登場する。例えば、カエサルは、王位を求めた時に、友人たちに殺された。子どもたちの特徴、性格特性の多くは、この「すべてか無か」という考えに集約される。例えば、頑固さである。コモンセンスに反対して、私的な哲学、あるいは私的な知性を発達させたという結論にわれわれが達した子どもたちの生活の中には、このことを証明する多くの証拠がある。例として、異常に頑固な四歳の少女のケースをあげることができる。ある日、母親が彼女にみかんを持ってきた。それを受け取ると、床に投げつけ、こういった。「お母さんが持ってきたのだったら、いらないわ。食べたくなったら、自分で取ってくるわ」

すべてを持つことができない怠惰な子どもたちは、ますます空虚な白日夢、空想、空中楼閣に入っていくことになる。しかし、このような子どもたちはもはや救いようがないとあまりに早く結論づけてはいけない。感受性の強い子どもたちは現実から退いてしまう。自分で創り出した空想の世界は、これ以上傷つくことに対してある保護を約束するからである。しかし、このように現実から退くことは、まったくの誤った適応、不適応を必ずしも意味しない。現実からある距離を置くことは、作家や芸術家にとって必要であるばかりか、優れた想像力を必要とする科学者にとっても必要なことである。しかし、白日夢の中で喚起された空想は、人が人生の不愉快なこと、起こりうる失敗を避けるために取ったまわり道に他ならない。豊かな想像力を持ち、後に、その空想を現実と結びつけることができた人こそが人類の指導者になったことを忘れてはならない。優れた学校教育を受け、鋭い観察力を持っていたからだけではなく、人生の困難に立ち向かい、それと闘って成功した勇気と意識のゆえに、彼〔女〕らは指導者になったのである。偉人伝は、しばしば子どもの時は、現実とはあまり関わりがなく、成績のよくない生徒だったが、自分たちのまわりで起こることを観察するめざましい能力を持っていた人が登場する。このような能力を持っていたので、状況が好ましくなるとすぐに勇気が出て、もう一度現実に立ち向かい、現実と闘うことができたのである。当然のことながら、子どもを偉大な人にする方法については法則はない。しかし、子どもにぞんざいに接してはならず、いつも勇気づけ、子どもたちに、空想と世界との間に溝を創り出すことがないよう、現実の人生の重要性を説明するようにしなければならないということを覚えておくことはよいことである。

第九章　準備としての新しい状況

精神的な生活は、任意の時におけるパーソナリティのすべての表現が筋道立っているという意味で、統一のあるものであるというだけではなく、それはまた時間的に連続したものである。時間の内におけるパーソナリティの展開は、突然飛躍して起こるものではない。現在と未来の行動は、常に過去の性格と一致したものである。しかしこのことは、個人の人生が過去と遺伝によって、いわば機械的に決定されているということではない。むしろ、未来と過去は、断絶することなく、互いに結びついているということを意味するのである。われわれは、自分の内側に何があるかは知らない。即ち、自分の能力について全能力を表現する瞬間まで、それについては何も知らないのだが、一夜にして、自分の殻から脱出することはできないのである。

パーソナリティが、機械的に決定されることなく連続しているというこの事実のうちに、教育と改善の可能性があるばかりか、任意の時の性格がどのように発達しているかを見て取れる可能性もある。新しい状況に入ると、人の隠された性格特性が現れてくる。直接個人を実験できるのであれば、その人を新しく、思いがけない状況に置くことで、発達の段階を見出すことができるだろう。このような状況での行動は、過去の性格と一致したものでなければならず、普通の状況が明らかにしないような仕方で性格を明らかにする。

子どもの場合は、家庭から学校へと移る時や家庭の事情が突然変わるような時、その性格をおそらくもっともよく見て取ることができる。その時、子どもの性格の限界がもっとも明瞭に現れる。ちょうど乾板に置かれた写真を現像液につける時のようである。

ある養子を観察する機会があった。矯正困難で、かんしゃくを起こし、次に何をするか誰も予想できなかった。その子どもと話した時、理解できるようには話さなかった。話すといえば、質問とは関係のないことばかりだった。状況の全体を考察して、次のように考えた。「この子どもは、里親の家に数ヶ月いて、里親に対して敵対的な態度を取ってきた。その結果、そこにいるのが嫌なのだ」

状況から引き出すことができた結論は、これだけだった。里親は最初首を振って、子どもにはよくした、これまでのこの子どもの人生の中で一度もなかったほどよくした、といった。しかし、これは決定的なことではない。親が次のようにいうのをしばしば耳にする。「子どもにはできることは何でもしてきた。優しくもしたし、厳しくもした。でも、何も役に立たなかった」。優しいということは、それ自体では十分ではない。優しければ好意的に反応する子どもがいる。しかし、そうすることで、子どもを変えたと考えてはいけない。子どもたちは、しばらくの間は、好ましい状況にいると考えるが、根本的には何も変わっていない。優しくするのをやめれば、たちまちもとの状況に戻ってしまう。

　必要なことは、この子どもがどのように感じ思うかということ、自分の状況をどのように解釈するかということであって、親がどのように考えるかということではない。里親に、この子どもは彼らと一緒にいて幸せだと感じていない、と指摘した。子どもの態度が正しいものかどうかいうことはできなかった。しかし、何かがあって、そのことで、子どもはこのような憎しみを持つようになったに違いない。里親には、もしも子どもの誤りを矯正することができず、愛を得ることができないのであれば、別の人に委ねなければならない、子どもは監禁されていると思うと常に反抗するだろうから、と説明した。後に、聞いたところでは、少年はまぎれもなく凶暴になり、本当に危険であると見なされるようになった。やさしく扱えば、少しはよくなったかもしれないが、それだけでは十分ではなかったのだろう。さらに情報を引き出すことで、ライフスタイル全体の型が明らかになったのだが、少年はそれを理解していなかったからである。このケースの真相は以下の通りである。彼は、里親の子どもたちと一緒に育ったが、里親は実の子どもほどには自分のことを愛してはいない、と信じた。このことは、決してこのようなかんしゃく持ちの原因ではない。しかし、家から出たいと思うようになったので、この目的に適うものであれば、どんな行動でも正当であると思えたのである。家族が、行動を変えられないと思うならば、家から出さなければならないということを理解するにはしばらく時間がかかった。

　誤りをしたということでこのような子どもを罰すると、罰は犯行を続けることの正当な理由になってしまう。反抗しても当然という感情を確認することになるわけである。われわれの見解には確かな根拠がある。そして、この点から子どものすべての誤りが環境に対する闘い、準備されてこなかった新しい状況に立ち向かうことの結果としてのみ理解できることがわかる。このような誤りは、子どもっぽいものであるが、驚くには当たらない。なぜなら、同じような子どもっぽい表現を大人の生活にも見ることができるからである。

しぐさや目立たない表現様式は、まだほとんど研究されていない領域である。これらの様式のすべてを一つの型にまとめ、互いの関連や起源を吟味することは、おそらく教師が行うのがもっとも好ましい。しかし、一つの表現形式は別の機会には、違う意味を持つことがあるのを忘れてはならない。二人の子どもが同じことをするとしても、その意味は必ず違う。さらに、問題のある子どもの表現様式は、同じ心理学な原因から生じたものであっても異なったものである。ある目標に至る道は一つ以上あるということである。

常識的な見地からは、正義や不正について語ることができない。子どもたちが誤りを犯した場合、それは誤った目標を持っているからであり、したがって、この誤った目標を追求することから結果として生じることも誤っているのである。誤る可能性は無数にあるが、社会的に有用な生き方へと通じる正しい道は一つしかない。

学校では注意が払われないが、重要な表現様式がいくつかある。例えば、眠る時の姿勢である。この連関で興味深いのは、次の十五歳の少年のケースである。この少年は、当時の皇帝フランツ・ヨーゼフ一世が亡くなり、亡霊となって現れ、軍隊を組織してロシアに進軍するように命じるという幻覚に苦しんでいた。夜、どのように眠っているかを見るために少年の部屋に行くと、驚いたことにナポレオンの姿勢でベッドに横たわっていた。翌日彼を再び見ると、彼の姿勢は眠っている時に表していた軍人の姿勢と同じだった。幻覚と目覚めている時の態度との連関は非常にはっきりとしてきた。そこで、少年を話に引き込んで、皇帝がまだ生きていることを信じさせようとした。少年はそのことを信じたがらなかった。彼はカフェで給仕をしている時、背が低いことでからかわれていると話してくれた。同じ姿勢をする人を誰か知らないかとたずねたところ、しばらく考えて「僕の先生、マイアー先生」といった。推論は正しいように思えた。マイアー先生の姿をもう一人のナポレオンと思い浮かべることで困難を克服することができたのである。さらに重要なことは、少年が先生になりたいと語ったことである。このマイアー先生は、彼のお気に入りで、先生のあらゆることを真似てみたいと思った。一言でいえば、この少年のこれまでの人生は、その姿勢にまとめられていたのである。

新しい状況は、子どもがそれに準備ができているかの試験である。よく準備されていれば、自信を持って新しい状況に立ち向かう。しかし準備ができていなければ、新しい状況は緊張させ、無能であると感じさせる。この感覚は、判断を歪め、それに続く反応は正しくない、つまり、状況の要求に合致しないものになる。なぜなら、共同体感覚に基づいていないからである。いい換えれば、子どもの学校での失敗は、学校の組織の不備だけではなく、子どもの最初の不完全さに責任が帰せられるのである。

新しい状況を吟味しなければならないのは、そのことが子どもが悪化することの原因であると考えられるからではなくて、最初の準備が不十分であることをはっきりと示しているからである。あらゆる新しい状況は、準備の試験として見なすことができる。

この連関で、議論のために、もう一度質問表（付録Ⅰ）の中のいくつかの点を取り上げよう。

一、いつから問題はありましたか？

すぐに新しい状況へと注意を向けることができる。母親が子どもは学校に行くまでは問題はなかったという時、母親は実際に理解している以上のことを語っている。子どもにとって学校はひどいものだった。「問題があったのはこの三年です」と母親が答えても、十分ではない。子どもの環境に、あるいは身体的な条件にどんな変化が起きたかを知らなければならないのである。

子どもの自信が弱くなっていく最初の兆候は、学校生活に適応できないことにしばしば見出される。最初の失敗は、時に十分真剣に取り上げられないか、子どもにとっては破局であるかもしれない。子どもがどれくらいしばしば悪い成績を取ったことでひっぱたかれたか、このような点数や叩かれることが子どもの優越性の追求にどのような影響をもたらしたかを知らなければならない。子どもは何もなしとげることはできないと確信するようになるかもしれない。とりわけ、もしも両親が「お前は何にもなれない」とか「最後は刑務所行きだ」と子どもにいうことを常としていたら、そうなってしまう。

たしかに失敗によって鼓舞される子どももいるが、駄目になってしまう子どもも多い。自信と将来への信頼をなくす子どもは勇気づけなければならない。優しく、忍耐強く、寛大に扱わなければならない。

セックスの問題をぞんさいに説明することは、子どもを動揺させ混乱させるかもしれない。きょうだいがすばらしい成功を収めると、それ以上努力をしなくなるかもしれない。

二、問題は以前から目立っていましたか？

これは、子どもが準備できていないことが、状況が変わる前に目立っていたかということである。この問いにはあらゆる種類の答えが返ってくる。「子どもは乱雑でした」。これは、母親が子どものために何もかもしていたという意味である。「いつも臆病でした」。家族に愛着があったということである。子どもが弱いということであれば、劣等器官を持って生まれてきて弱いので、わがままに育てられ甘やかされたと仮定してもいいだろう。あるいは、醜いので無視されたのかもしれない。この問いは、精神発達遅滞の可能性にも関係している。子どもは非常にゆっくりと成長したので、精神発達遅滞を疑われたかもしれない。後に成長し、この状況から脱したとしても、甘やかされたり、権利が制限されたという感覚を持ち続け、この感覚が新しい状況に対処するどんな試みもずっと困難なものにするだろう。もしも子どもが臆病であったとか、向こう見ずであったと聞けば、そうすることで他の人の注目を得ていると確信することができる。

教師の最初の仕事は、子どもの信頼を勝ち取り、その後で勇気づけるということである。子どもがぎこちない時は、左利きがどうかを見つけなければならない。もしも子どもがかなりぎこちなければ、教師は、子どもが性の役割を十分に理解しているかどうか見出さなければならない。女性的な環境で育ち、他の少年と一緒にいることを好まず、からかわれたり嘲笑され、しばしば少女のように扱われる少年——このような少年たちは、少女の役割に慣れており、後に内的にかなり激しい葛藤を経験することになる。男性と女性の器官的な性的相違を知らないと、子どもたちは自分の性を変えることができると信じるようになる。しかしついには、身体の構造は変えることができないものであることがわかると、属したいと思っている性に応じて、精神的に男性的、あるいは、女性的な特徴を発達させることで補償しようとする。これらの傾向を衣服やふるまいで表現しようとする。

　女性の仕事を嫌うようになる少女がいる。このような女性の仕事には価値がないとされているというのが、主な理由である。これはわれわれの文明の根本的な誤りである。男性が女性には認められない特権を持つという伝統が依然としてある。われわれの文明は、はっきりと男性にとって有利なものであり、男性が自分たちだけが持っているとされるある種の権利をよしとしているのである。息子の誕生は、通常、娘の誕生よりも大きな喜びをもたらす。このことは、息子、娘のどちらにとっても有害な影響を与えないわけにいかない。劣等性の棘が少女をすぐにでも刺し、他方、少年は期待という重荷を背負うことになる。少女は成長していく過程で、権利が制限される。このような強制的な男女の区別がもはやあまり認められなくなった国もある。例えばアメリカがそうである。しかし、この国においても、社会的な関係においては、まだバランスは取れていない。

ここで問題にしているのは、子どもたちに反映される人類全体としての精神性である。女性の役割を受け入れることは、困難を伴い、時に反抗を引き起こす。この反抗は、しばしば手に負えないこと、頑固さ、怠惰に現れる。これらは、いずれも優越性の追求と関係がある。このような兆候が現れた時は、教師は、その少女が女性であることに不満があるかどうか見出さなければならない。

この特別の不満は、他のすべての領域も含むようになるかもしれない。そうなると、人生全般が重荷になってしまう。時には、人類が男性と女性に分かれていない別の惑星に住みたいという願いが表明されることもある。このような誤った思考プロセスは、様々な不条理へと導くか、あるいは、まったくの無感動、犯罪、さらには自殺へと導くことにさえなる。罰することや、愛情の欠如は、十分ではないという感情を強化するだけである。

このような不幸な状況は、子どもが控え目な仕方で、男性と女性の違いを学び、それぞれがもう一つの性と同じだけの価値があると教えられれば避けることができる。通常、父親は一種の優越性を持っている。父親は所有主であるように見え、規則を作り、指導し、妻に説明し、決定する。兄弟たちは姉妹たちよりも優れようとする。そして、嘲笑や批判で姉妹たちを自分の性に満足させないようにする。兄弟の側のこのような行為は、自分自身の弱さの感覚から生じるものである、と心理学者は理解している。何かができるということは、ただできると「思われる」ということとはまったく違う。女性はこれまでは、偉大なことをするようには育てられてこなかった。男性は女性の手に靴下を持たせて修繕させ、それが女性の仕事である、と確信させようとした。このようなことは、一部は克服されているが、今日われわれが少女を人生へと準備する方法は、少女たちに何か並外れたことを期待していることを示していない。

準備を妨げておきながら業績が劣っていると批判することは近視眼的である。もちろん、現在の状況を改善することは容易ではない。父親ばかりか母親も男性的な特権を正当化されたものと見なし、子どもたちをこの男性優位の考え方に従って育てているからである。子どもたちに男性の権威は正しいと教えている。少年たちは服従を要求し、少女たちはあきらめてこの要求に従おうとする。子どもたちはできるだけ早い年齢で自分がどちらの性に属するのか、また、自分の性は変えることができないものであることを知るべきである。女性は、既に述べたように、男性が権利と優越性を握っていることに対して怒りを示すようになってきた。この怒りが非常に激しく、女性が自分の性を受け入れることを拒み、できる限り男性のようであろうと努力することに現れる時、個人心理学はそれを「男性的抗議」と呼んでいる。二次的な兆候、例えば、身体の障害や発育不全はしばしば大人を解剖学的構造上の完成（少女に見られる男性的な身体特徴、少年に見られる女性的な身体特徴）という点で、自分の性に疑いを抱かせる。これらの疑いは、時に根が深く、体質的な弱さと関係している。子どもっぽい身体の構造は、女性より、男性により顕著であり、男性なのに女性のように見えるといわせることになる。しかし、これは本当ではない。なぜなら、このような男性は、女性ではなく子どもの方にずっと似ているからである。身体が完全に発達していない男性は自分が痛ましいまでに劣っていると感じる。われわれの文明では、男性は十分に成長しその業績は女性よりも優れていなければならないという理想が一般的に支配しているからである。女性の場合も、身体が十分に発達せず美しくないということはしばしば人生を嫌悪させるようにする。身体の美しさを過大評価するからである。

素質、気質、感情は第三の性的な特徴である。感受性がある少年たちは女性的と呼ばれる。落ち着いた自信のある少女たちは、男性的とされる。このような性格特性は、決して生まれつきのものではなく、常に獲得されるのである。子ども時代の初めに見られるこれらの特徴は、後になっても忘れられることなく、大人たちはしばしば自分が子どもの時は変わっていて控え目であったとか、境遇に応じて、少年のように、あるいは、少女のようにふるまったという事実に言及する。それぞれの性の役割をどう解釈するかに従って、子どもたちは成長したのである。どれくらいまで性の発達や体験が進んだかというさらなる問いは、一定の年齢で一定の理解が期待されているということを意味している。少なくとも、九十パーセントの子どもたちが、親や教師が子どもたちにいよいよ性的な事柄を説明する時、既にそのずっと前に事実を学んでしまっている。性的な説明に関して決定的な規則というものはない。子どもが何を受け取るか、このような説明で何を信じるか、あるいは一般に、どんな影響を及ぼすかは誰も予言できないからである。子どもが説明を求めればすぐに、その時の子どもの状態を注意深く考慮した後で説明すべきである。時期尚早の説明は勧められない。たとえ、いつも有害な影響を持つわけではないとしてもである。

養子、あるいは継子の問題は難しい。このどちらかに属する子どもたちは、当然のこととしてよい待遇を受け、厳しくされると家庭の中の特別な位置にそのことの原因を帰する。時には、母親を失った子どもは、父親に非常に愛着する。しばらくして父親が再婚すると、子どもは閉め出されたと感じ、継母と友人となることを拒否する。他方、実の親を義理の親と見なす子どももいることは興味深い。このことは、もちろん親が厳しく批判したり不平をいったということを意味している。継父、継母が悪評を得てきているのは、おとぎ話で、悪い性格の持ち主として描かれているからである。ついでながら、おとぎ話は子どもにとって理想的な読み物とはいえない。しかし、それを読むことを子どもに完全に禁じることはできない。子どもたちは人間の本性について多くのことをそこから学ぶからである。しかし、おとぎ話を訂正のコメントをつけて与え、子どもたちが残酷さや歪んだ空想が語られるおとぎ話を読まないようにすることは価値あることである。残酷な行いをする強い男のおとぎ話は、それを読む子どもを鍛え、軟弱な心を阻止するために用いられることがある。これも英雄崇拝から生じる誤った考えである。少年は同情を示すことは男らしくないと考える。優しい心がなぜ蔑まれるかは理解できない。同情は、誤って用いられなければ、価値のあるものであることは疑いないからである。もちろん、どんな感情であっても誤って使われるのだが。

庶子も非常に困難な状況にある。女性と子どもだけが庶出であることの重荷を背負い、男性はまったく免れていることが正しくないのはいうまでもない。もっとも大きな犠牲を払うことになるのは、無論、子どもである。このような子どもたちをどれほど援助しようとしても、苦しむのを防ぐことはできない。彼〔女〕らの常識が、すべては秩序にかなっていないということを告げるからである。仲間に蔑まされるか、さもなければ、生活状況を厳しいものにする。法律が彼〔女〕らに庶出であるという烙印を押すのである。感受性が強いので、すぐに喧嘩をし、世界に対して敵対的な態度を取るようになる。どんな言語にも、このような子どもに対しては醜い、侮辱し、苦しめる品の悪い言葉があるからである。問題行動のある子ども、犯罪者に孤児や庶子が多いのは容易に理解できる。しかし、庶子や孤児の子どもたちのこのような反社会的な傾向を、生まれつきの、あるいは遺伝の素質に帰することはできない。

第十章　学校の子ども

既に述べたとおり、子どもが学校に入ると、まったく新しい状況の中に自分がいることに気づく。あらゆる新しい状況がそうであるように、学校に入ることは、それに先立つ準備の試験と見なすことができる。しかるべく訓練されていれば、子どもは普通の仕方で試験に通るだろう。そうでなければ、準備の欠点が明らかになるだろう。

われわれは保育園や小学校に入った時の、子どもの心理的な準備を記録することはあまりしなかったが、このような記録があれば、大人になってからの生活における行動を解明するのに役立つだろう。このような「新しい状況による試験」は、普通の学校の試験よりもはるかに多くのことを明らかにする。

学校に入った時、子どもには何が期待されるだろう。学校での勉強は、教師と級友との協力、教科への関心を要求する。この新しい状況に対して子どもがどう反応するかによって、協力の能力の程度、関心の領域を評価することができる。どの教科に関心があるか、他の人がいっていることに関心があるかがわかる。これらすべての事実を子どもの態度、様子、聞き方、親しそうに教師に近づいてくるか、それとも、教師から離れているか等々を調べることによって確かめることができる。

　これらのことがどのように人の心理的な成長に影響を与えるかは、次の男性のケースに見ることができる。彼は仕事がうまくいかず、心理学者に相談した。子ども時代を振り返って調べると、少女ばかりの家庭に育ち、また、両親は彼の生後間もなく亡くなっていることがわかった。学校に入る時、女子校に入るのか、男子校に入るのかわからなかった。姉妹に女子校に入るように説得されたが、当然のことながら、すぐに退学させられた。このことが子どもの心にどんな印象を残したかを想像することができる。

　学校の教科に集中するかどうかは、子どもが教師のことを好きかどうかで大体決まる。子どもの注意を引きつけること、どんな時に子どもが注意を払っていなかったり、集中できないかを見出すのは、教師の技術である。集中する能力を持たずに学校に入る子どもたちは多い。一般的に、そういう子どもは甘やかされた子どもである。知らない人がたくさんいるので、ぼうっとしてしまう。もしも教師がたまたま少しばかり厳格であれば、このような子どもたちは、記憶力がないように見える。しかし、この記憶力を欠いているということは、一般に考えられているほど単純ではない。教師は記憶力がないと子どもを非難するが、実は、他のことであれば覚えているのである。集中することすらできる。しかし、それは家庭で甘やかされた状況においてだけである。甘やかされたいという欲求だけには注意力があるが、学校の勉強に対してはないのである。

このような子どもが学校についていけず、悪い成績を取り、試験に通らないからといって、批判したり非難しても役に立たない。そのようにしてみても、ライフスタイルを変えることはできない。反対に、自分は学校には適していないと確信させ、悲観的な態度を発達させることになるだけである。

甘やかされた子どもは、教師を自分の味方に引き入れることができれば、しばしば非常によい生徒になる。大きな利益が約束されれば勉強する。しかし、不幸なことに学校でいつも甘やかされるという保証はない。学校を変わったり、先生が代わると、あるいは、特定の教科で進歩しなくなると（算数は甘やかされた子どもにとって危険な教科である）、突然勉強しなくなる。これまであらゆることが自分にとって安易なものに整えられることに慣れてきたので、先に進んでいくことができない。努力する訓練を受けておらず、どうしていいかわからない。困難に立ち向かい、意識的に努力して先に進んでいく忍耐心を持っていないのである。

そこで、学校への正しい準備ということで、何が理解されるべきかがわかる。準備が十分でない時は、いつも母親の影響を見ることができる。母親が最初に子どもの興味をかき立て、その印象を健全な方向へと向ける決定的な責任を持っていることを理解できる。しばしばあることだが、もしもその責任を果たすことに失敗すれば、結果は子どもの学校での行動において明らかになる。母親の影響の他にも、全体としての家庭の影響がある。即ち、父親の影響、子どもの競争である。また、外からの影響もある。これについては、続く章で十分に論じる悪い環境や偏見がそれである。

要は、子どもの十分でない準備を説明するこれらすべての状況を考慮すると、子どもを学校の成績だけで判断するのは愚かである。むしろ、大切なのは、子どもが受け取る点数ではなく、点数が知性、関心、集中する能力、等々に関して示すものである。学校の試験は、構成は違っても、知能検査のような科学的な試験とは違った仕方で解釈されなければならない。いずれの場合も、子どもの心に関して明らかにされていることに強調が置かれるべきで、正しい解答の数に強調が置かれてはならない。

最近何年か、いわゆる知能検査が行われるようになった。教師はこの検査に重要な意味を認めている。これは時には価値がある。普通の試験では示されないことが明らかになるからである。子どもを救うことも確かにある。例えば、少年が学校で悪い成績を取り、教師が下のクラスへ入れようとする時、知能が高いことが突然わかることがある。そこで、もとのクラスに戻されずに、それどころか飛び級が許されることになる。子どもは、成功したと感じ、その後はまったく違った行動をするようになる。

われわれは、知能検査と知能指数の価値や働きを過小評価したくない。しかし、検査が行われても、知能指数は子どもにも親にも知らされるべきではない、とわれわれは主張する。親も子どもも知能検査の本当の価値を知らない。親も子どもも知能指数は、最終的な完全な見方を表しており、子どもの運命を示していると考える。そうなると、子どもは以後、知能検査によって限定されることになる。実際、知能検査によって明らかになった結果が絶対的なものと受け止められるならば、批判を免れない。知能検査で高い結果を得られたからといって、後の人生の保証にはならない。それどころか、その他の点では、成功を収めている大人が、知能検査では低い評価しか得られないということもあるのである。

個人心理学者の経験では、知能検査の結果が低いことを示しても、正しい方法を見出せば、得点をよくすることができる。このような方法の一つは、子どもたちに特定の知能検査で遊ばせることである。そうしているうちに、しかるべきこつ、このような試験を受けるためのしかるべき準備の仕方がわかるだろう。このようにして、子どもは進歩し、経験を増していく。次の検査では高得点を取るだろう。

子どもが学校での日課によってどのような影響を受けるか、加重な学校のカリキュラムによって圧迫されていないかどうかは大きな問題である。学校のカリキュラムにある教科を過小評価するのではない。教えられる教科の数が減らされるべきであるとは思わない。無論、子どもたちが教科の目的、実際上の価値を見て取り、教科を純粋に抽象的で理論的なものであると見なさないように、首尾一貫した仕方で教科を教えることは重要なことである。現在、次のような問題について大いに議論されている。即ち、教科と事実を学ぶために子どもに教えるのか、あるいは、子どものパーソナリティを育成するのかという問題である。個人心理学は、両者は互いに結びつけられると考えている。

既に述べたように、教材は興味深く、実用的であるべきである。数学——算数と幾何学——は、建物のスタイルと構造、そこに住むことのできる人の数と結びつけて教えるべきである。いくつかの教科は一緒に教えることができる。進歩的な学校の中には、教科を関連づけて教える方法を知っている専門家がいる。教師は子どもたちと一緒に歩き、子どもたちがどの教科を他の教科よりも好んでいるかを発見する。そのようにして関連する教科を学ぶ。例えば、植物について教える時は、それを植物の歴史、国の気候等々と結びつけるわけである。このようにして、さもなければ子どもたちには興味がないであろう教科への興味をかき立てるだけではなく、事物に対して、総合的なアプローチの仕方を教えることができる。これが、すべての教育の最終の目的である。

教育者が見逃してはいけない一つの点がある。学校の子どもたちが、他の子どもたちと競争関係にあると感じているということである。なぜこのことが重要であるかは容易に理解できる。理想の学校のクラスは、それぞれの子どもが、自分は全体の一部であると感じる単位でなければならない。教師は、競争や個人の野心が度を超えたものでないように気をつけなければならない。子どもたちは、他の子どもたちが先に進むのを見たくない。そこで競争者に追いつくまで労を惜しまないか、あるいは、逆戻りして失望し、自己欺瞞に陥ってしまう。教師の忠告、指導が重要なのはこういうわけである。教師から適切な言葉を聞くと、子どものエネルギーは、競争のチャンネルから協力のチャンネルへと向かうことになるだろう。

この連関で、クラスの適度な自治のプログラムが有用である。この種のプログラムを行うために、子どもが自治に対して十分準備できるまで待つ必要はない。最初は子どもたちに行われることを観察させたり、あるいは顧問になってもいいだろう。子どもたちが準備なしに完全な自治を任されれば、教師よりも厳しく罰したり、政治的な権限を私利と優位のために用いたりさえするかもしれない。

　学校における子どもの進歩に関しては、教師と子どもたちの両方の観点を考慮に入れなければならない。この点に関して、子どもが非常に優れた判断力を持っているということは興味深い事実である。誰が綴り方、絵を描くこと、体育でもっとも優れているかを知っている。互いを非常によく評価することができる。時には、他の子どもたちに対して正当でないことがあるが、このことを知っていて、少なくとも公正であろうとする。大きな困難は、「もう追いつくことはできない」と信じて、自分を過小評価することである。これは本当ではない。実際、追いつけるからである。判断が誤っていることを指摘しなければならない。さもなければ、生涯にわたる固定観念になってしまう。このような考えを持った子どもは決して進歩せず、いつもその場に踏み留まることになる。

　学校の子どもの大部分はほとんど常に同じレベルにいる。最上位とか、最下位とか、平均並みとかであり、そこに留まったままでいる。このような状態は、頭脳の発達というよりは、心理的な態度の惰性を反映している。子どもたちが、何度か試練にあった結果、自分自身に制限を課し、楽観的であることをやめたということを示しているのである。しかし、このような相対的な位置が時々変わることがあるという事実が重要である。宿命が子どもの知的な位置を支配することはないことを示しているからである。子どもたちはこのことを知り、自分の場合にもこのことが当てはまるということを理解するべきである。

教師も子どもも普通の知能を持った子どもたちがなしとげた結果は、特別の遺伝によるものであるという迷信を追い払うべきである。能力は遺伝すると信じることは、子どもの教育に関してかつてなされたおそらく最大の誤りである。個人心理学が初めてこのことを指摘した時、人々は、それは科学に基づいた結論ではなく、われわれの側の単なる楽観的な推測にすぎないと考えた。しかし、今やますます多くの心理学者と精神科医がこの見解を受け入れるようになってきている。遺伝は、親、教師、子どもたちにとって、あまりに安易な贖罪の山羊である。努力を必要とする困難があればいつも、それを行う責任を免れるために、遺伝を引っ張り出してくることがある。しかし、責任を逃れる権利はわれわれにはないし、われわれから責任を免れさせることになる見解はどのようなものであれ、いつも疑ってかかるべきである。

教師は、自分の仕事が教育的な価値があり、教育が性格の訓練である、と信じていれば、遺伝の説を矛盾することなく受け入れることはできない。身体的な遺伝を問題にしているのではない。器官の欠陥、さらに器官能力の違いですら遺伝することを知っている。しかし、器官の機能と心の能力との架け橋はどこにあるのだろうか。個人心理学は、心は器官に与えられた能力の度合いを経験し、それを考慮しなければならない、と強調する。時には、心があまりにそれを考慮しすぎ、器官的な無能力を怖れ、器官的な原因が除去された後もその怖れがずっと続く。

人は物事をそれの起源にまで遡り、現象がそこから展開していく核を求めることを好む。しかし、このような考え方は、人の業績を評価する時にいつも使われるのだが、非常に誤解を招きやすい。このようなやり方は、常に次のような誤りを犯す。家系図を作る時に、どの世代にも二人の親がいるということを忘れて、大部分の祖先を無視するということである。五代遡れば、六十四人の先祖がいる。そして、この六十四人の先祖の中に、子孫の能力を帰することができる賢い人を必ず見つけることができるのである。十代遡ると、先祖は四千九十六人いるので、この中には一人以上でないにしても、一人の非常に有能な人を見つけることができることは疑いない。また、一人の非常に有能な人によって家族に与えられる伝統は、遺伝の働きと似た効果を持っているということも忘れてはならない。かくて、なぜある家族は他の家族よりも多くの有能な人を輩出するのかを理解できる。それは遺伝ではなく、明白で単純な事実である。ヨーロッパで子どもたちがそれぞれ父親の職業を継ぐように強制された時、どんなことになったかを考えてみればいいだろう。社会制度のことを忘れると、遺伝の統計は非常に恐るべきものに見えることになる。

　遺伝の問題に次いで子どもにとって大きな困難を引き起こすことになる問題は、学校の成績に対して罰せられるということである。子どもが学校で悪い成績を取ると教師にあまり好かれていないことに気づく。かくて、学校でも苦しむが、家に帰ると今度は両親が厳しく責め立て非難する。母親と父親に叱られ、しばしば平手打ちされることになる。

　学校の教師は、悪い成績表がどんな余波をもたらすかを心に留めておくべきである。子どもが家で悪い成績表を見せなければならないとすれば、もっと一生懸命頑張るようになると信じている教師がいる。しかし、家庭環境はいろいろあるということを忘れている。ある家庭では、子どもはかなり残酷な仕方で育てられる。このような家庭の子どもは、悪い成績表を家に持ち帰る前に、人一倍考えるだろう。その結果、家に帰らないか、あるいは、極端な絶望へと駆り立てられて、両親を怖れるあまり自殺することもある。

学校のシステムに対して、教師に責任はないが、できるだけ個人的に共感と理解を示すことで、学校のシステムの非情さを緩和するのが望ましい。そうすることで、教師は家庭環境を考慮して、特定の子どもに寛大になれる。そして、寛大であることで、子どもを絶望に追いやる代わりに、勇気づけることができるだろう。いつも悪い点を取り、他の人に学校中で一番悪い生徒だと絶え間なくいわれ続け、ついには、自分でもそれを信じるようになる子どもの心には重荷がのしかかっている。自分をこのような子どもと同一視すると、なぜ学校が好きでないのかを理解できる。それはまったく人間的なことである。もしもこのような子どもの身になって考えれば、なぜ学校が好きでないかを理解することは容易である。誰でも、もしもいつも批判され、悪い成績表をもらい、追いつくという希望をすっかり失えば、その場所が好きではなくなり、そこから逃げようとするだろう。このような子どもたちが学校から遠ざかったとしても驚くべきではない。

しかし、このようなことが起こっても驚くべきではないとはいえ、そのことの重要性を認識しておくべきである。これは悪いスタートであり、ことに思春期に起こった場合そうであることを意味しているのである。このような子どもたちは賢いので、成績表を偽造したり、無断欠席をするなどをして自分の身を守る。このようにして、自分と同類の仲間に出会って、集団を作って放浪し始め、ついには犯罪に走るのである。

　これらすべてのことは、どの子どもも改善の望みがないと考えられるべきではないという個人心理学の見方を受け入れなければ避けることができない。子どもを助ける方法はいつもある、と確信するべきである。最悪の状況においてすら、いつもアプローチする方法はある。しかし、もちろん、これは見つけなければならない。

　子どもたちに同じクラスを二度繰り返させることから起こる悪影響についてはいうまでもない。教師は、落第する子どもは、学校にとっても家庭にとっても問題であると認めるだろう。このことはあらゆる場合に起こるわけではない。しかし、この規則の例外はほとんどない。落第する子どもたちの大部分は、長期にわたってそうする。彼〔女〕らはいつも遅れていて、いつも回避されてきたが解決されなかった問題を提供することになる。

　いつ子どもを落第させるかは難しい問題である。この問題をうまく何とか回避する教師がいる。休みを利用して子どもを訓練したり、ライフスタイルの誤りを見つけ、それを矯正する。そうすることで、次のクラスへ進級させることができるのである。この方法は、学校に特別の個人指導教師の制度があれば、もっと広く行うことができる。ソーシャル・ワーカーや家庭訪問教師はいるが、特別の指導教師はいない。

　訪問教員の制度はドイツにはない。このような教師はまったく必要でないと思われているようである。小学校の学級担任教師は、子どもに関してもっともよく判断できる。正しく観察しているのであれば、他の誰よりも生徒に何が起こっているかを知ることができる。担任教師は、クラスの生徒数が多いので、個々の生徒のことを知ることはできないという人もいる。しかし、学校に入る時の子どもの様子を観察すれば、すぐに子どものライフスタイルを知ることができ、多くの困難を避けることができる。このことは生徒数が多くても可能である。子どもの数が多くても、子どもたちを理解さえしていれば、理解していない時よりも、よりよく教えることができる。人数の多いクラスは決して望ましくないが、克服できない障害ではない。

心理学的見地からすると、教師が毎年（あるいは、多くの学校で行われているように半年で）変わらず、持ち上がるのがいいだろう。教師が同じ子どもたちと二、三年あるいは四年間一緒にいることができれば、あらゆる点で多大の利益がある。そうすれば、教師はすべての子どもたちを親密に知ることができるからである。それぞれの子どものライフスタイルの誤りを知り、それを矯正することができる。

飛び級する子どもたちもいる。これに利点があるかどうかは議論の余地がある。彼〔女〕らはしばしば飛び級する過程で目覚めた高い期待を満たすことができない。飛び級は、学年の本来の年齢よりも年が上である子どもも、また、以前は遅れていたが、その後進歩し、いい成績を取るようになった子どもの場合に考慮されるべきである。飛び級は、いい成績を取ったことの褒美として、あるいは、他の子どもたちよりも物知りであるという理由で持ち出されるべきではない。賢い子どもが、課外学習、例えば、絵画や音楽等々に時間を費やせば役に立つだろう。賢い子どもがこのようにして学ぶことは、クラス全体に益がある。他の子どもたちを刺激するからである。クラスからよくできる生徒をいなくするのはいい考えではない。傑出した賢い子どもたちをいつも伸ばしていかなければならないと考える人がいる。われわれはそうは考えない。むしろ、クラス全体を前に進め、発展するよう刺激を与えるのは賢い子どもたちである、と考えている。

学校で見ることができる二つのタイプのクラス――進んだクラスと遅れたクラス――を調べるのは興味深い。進んだ方のクラスに実際に精神発達遅滞の子どもが何人かいるが、他方、遅れた方のクラスには、大抵の人が考えているように、精神発達遅滞の子どもはおらず、貧しい家庭の子どもたちがいる。貧しい家庭の子どもたちは劣っているといわれる。しかし、これは、彼〔女〕らがよく準備されていないからである。このことは容易に理解できる。親はすることがたくさんあって、子どもに時間を割くことができないか、あるいはおそらく、この目的のためには十分教育を受けていないのである。このような心理的な準備ができていない子どもたちは遅れたクラスに入れてはいけない。遅れたクラスにいることは、子どもにとって屈辱である。子どもはいつも仲間に嘲笑される。

このような子どもたちを援助するよりよい方法は、既に言及した個人指導教師の制度を適用することである。個人指導教師の他に、子どもたちが行って、学ぶことができるようなクラブもあるといいだろう。そこで、子どもたちは宿題をしたり、遊んだり、本を読んだりするのである。このようにして、遅れた子どもたちのためのクラスから得ることになる勇気くじきではなく、勇気づけの訓練を受けることができるだろう。このようなクラブと、今あるよりももっと多くの遊び場があれば、子どもたちを道路と悪い影響からまったく遠ざけることができるだろう。

あらゆる教育実践の議論で、共学の問題が出てくる。共学に関しては、原則的には、共学を奨励すべきであると考える人があるかもしれない。少女と少年が互いを知る機会を与えるからである。しかし、共学がそれ自体として有用であると考えるのは誤っている。共学には考慮しなければならない多くの問題があり、さもなければ、長所よりも短所の方が上回ることになるだろう。例えば、一般に人が見逃している一つの事実がある。それは、少女は十六歳までは少年よりも早く成長するということである。もしも少年たちがこのことを認識しないで、少女たちが自分たちよりも早く前に進んでいると見れば、心の落ち着きを失って、少女たちと無意味な競争に入ることになる。このような事実を、学校当局や担任の教師は考慮に入れなければならない。

教師が共学を好みそれに伴う諸問題を理解しておれば、共学はうまくいく。しかし、それを好まない教師はシステムを重荷に感じ、その教師のクラスの共学は失敗するだろう。

もしも共学のシステムがしかるべく運営されておらず、子どもたちが正しく指導され、監督されていなければ、性の問題が当然のこととして起こる。学校の性教育は、複雑な問題を起こすことになる。実際、学校は性の問題を教えるには適当な場所ではない。教師がクラス全体を前に話すと、子どもたちが教師の言葉をどう受け止めるか知ることができないからである。子どもたちが教師から個人的に情報を求めれば、話は別である。少女が教師に事実をたずねたら、教師は正しく答えるべきである。

教育の行政的な面へと話がいくらか逸れたが、問題の核心に戻ると、子どもたちに何に関心があるかとたずねてみて、成功を収めることができる教科を見つければ、どのようにすれば子どもたちを教育するかを見出すことができる。一つのことにうまくいけば、他のこともうまくいくものである。これは、教育にも、人生の他の面についても当てはまる。子どもが一つの教科に関心を持って成功を収めれば、他のこともしてみようという気になる。生徒の成功をより広い知識への飛び石へと利用するかどうかは教師次第である。生徒だけではどうすればいいかわからない。つまり、われわれが皆無知から知識へと上昇する時にしなければならないように、いわばつまみ革を使って自分自身を引っ張り上げることはできないのである。しかし、教師はできる。そして、教師がやってみれば、生徒も要点を見て取り、協力するだろう。

関心のある教科についてわれわれがいったことは、子どもの感覚器官にも当てはまる。どの感覚器官がもっとも使われるか、どのタイプの感覚が子どもをもっとも魅するかを見出さなければならない。多くの子どもたちは、見ること、観察することに関心がある。聞くことに関心がある子どももいれば、動くことに関心がある子どもたちもいる。近年、いわゆる職業学校が流行している。学科目を目、耳、手の訓練に結びつけるという正しい原理を利用しているのである。これらの学校が成功を収めたということは、子どもの身体的な興味を利用することが重要であることを示している。

視覚タイプの子どもを見つければ、目を使わなければならない教科——例えば、地理学——を学ぶのが容易であると理解するべきである。このような子どもは、授業を聞くよりは、見る方が得意である。これは教師が特定の子どもの問題について持たなければならない種類の洞察の典型的な例である。教師が初めて子どもを見た時に得ることができる洞察は、他にも多くある。

要は、理想の教師は、神聖で魅力的な仕事を持っているということである。教師は子どもたちの心を形作り、人類の未来は教師の手に握られているのである。

しかし、どのようにしてわれわれは理想から現実へと到達するのだろうか。教育の理想を見て取るだけでは十分ではない。理想の現実化を進める方法を見出さなければならない。昔、ウィーンで、私はこのような方法を発展させることを試みた。その結果、児童相談所が作られることになった。

この相談所の目的は、教育制度が心理学の知識を利用できるようにすることだった。心理学だけではなく、教師と親の生活について理解する有能な心理学者が、一定の日に教師と相談しにくる。その日、教師が集まり、それぞれの教師が問題のある子どもたちのケースを持ってくる。怠惰な子どもたち、クラスを崩壊させる子どもたち、盗みをする子どもたち等々のケースである。教師はそれぞれのケースを説明し、その後で心理学者が自分の経験を持ち出す。それから議論が始まる。原因は何か。その状況はいつ始まったか。何をすべきか。子どもの家庭生活と心理的発達のすべてを分析する。そして、知識を総合して、グループは特定の子どもについて何をすべきかの結論に達する。

次の集まりでは、子どもと母親が参加する。母親にどう働きかけていいかについて意見が一致してから、母親が最初に呼ばれる。子どもがなぜ失敗したかという説明を受ける。次に母親が自分ではどう考えるかを説明し、その後、母親と心理学者との間で議論が始まる。一般には母親は子どものケースに関心が持たれているのを見て嬉しく思い、喜んで協力する。母親が友好的ではなく敵対的であれば、教師や心理学者は抵抗が克服されるまで、同じようなケースや他の母親について話し始める。

ついに子どもに話しかける方法について同意がされると、子どもが部屋に入ってくる。子どもは教師と心理学者を見る。心理学者が彼に話しかけるが、子どもの失敗については話さない。心理学者は講義をしているかのように話し、客観的に——しかし、子どもが理解できる仕方で——問題と、子どもがしかるべき成長してこなかったことの原因となる理由や考えを分析する。子どもはなぜ自分はのけ者にされ、他の人がひいきにされると感じるか、なぜ成功するという希望を断念するようになったか等々が教えられる。

この方法は、かれこれ十五年行われてきている。そして、この仕事の訓練を受けた教師は、このことに非常に満足し、この仕事をやめようとは考えないだろう。

子どもたちはといえば、このカウンセリングから二重の益を受ける。即ち、もともと問題のあった子どもたちは、立ち直り、協力と勇気の精神を学んだのである。相談所に呼ばれなかった子どもたちにも益がある。クラスの中に問題になりそうな状況が起こった時、教師は子どもたちに問題を話すように提案する。もちろん、教師は議論を方向づけるが、子どもたちが参加し、十分意見を述べるのを待つ。子どもたちは、問題、例えば、クラスにおける怠惰の原因について分析し始める。

最後に、何らかの結論に達する。怠惰な子どもは、自分のことがいわれていることを知らなくても、議論から多くのことを学ぶ。

以上の要約的な説明は、心理学と教育学を結びつけることから実現する可能性を示している。心理学と教育は同じ実在と問題の二つの局面である。心を導くことができるためには、その働きを知る必要がある。そして、心とその働きを知っている人は、心をより高くより普遍的な目標へと向けるために知識を用いないわけにはいかない。

第十一章　外からの影響

個人心理学の心理学的、教育学的視野は非常に広いので、「外からの影響」の考察を無視することはできない。古いタイプの内観心理学は非常に狭かったので、それが無視した事実を扱うために、ヴント[1]は新しい科学——社会心理学——を作ることが必要であると考えた。個人心理学ではその必要はない。個人的でもあると同時に社会的でもあるからである。個人の心理に集中して、心を刺激する環境を排除することはないし、逆に、環境だけに集中して、個々の心の重要性を排除することもない。

どんな教師も、自分だけが子どもの教育に影響を及ぼすとは信じないだろう。外からの影響の波が、子どもたちの心の中に流れ込み、直接あるいは間接に、例えば親に影響を与え、親をある心の状態にして、それがさらに子どもたちに伝えられるという形で、子どもたちを形作るのである。このようなことは避けることはできないので、考慮に入れなければならない。

まず教育者は、経済的な影響を考慮に入れなければならない。例えば、何世代にもわたって逼迫した状況で生きてきている家庭があることを忘れてはならない。このような家庭は苦しみや悲しみと闘っているが、それらに非常に煩わされるので、健康で協力的な態度を身につけるように子どもを教育することができないでいる。いわば、人間の我慢の限界上に生きており、そこでは人はパニックに陥っているので、協力して生きていくことはできないのである。

そこで、長い間餓死寸前の状態や、悪い経済的状況が続くと、そのことは親と子どもの両方の身体的状況に影響を及ぼし、それが心理的な影響を及ぼしている。このことを戦後のヨーロッパに生まれた子どもたちに見ることができる。彼〔女〕らは前の世代に比べて成長していくのが困難であった。

経済的な状況とそれの子どもの発達に対する影響に加え、親が身体的な健康法について知らなかったことの影響も忘れてはいけない。この無知は、親の臆病で甘やかしの態度に相伴うものである。親は子どもを甘やかしたいと思い、子どもが苦痛を感じることを怖れる。時には、不注意で、例えば、脊椎の湾曲は時間が経てば自然に消えてしまうと考える。そこでしかるべき時に医師を呼ばない。これは誤りである。とりわけ、医療サービスがいつも利用できる市街地でとりわけ誤りであるといわなければならない。悪い身体的条件は、すぐに治療されなければ、重い危険な病気を引き起こすことになるかもしれない。そして、このことは悪い心理的な傷を残すことになるかもしれない。病気は、心理学的に見れば、いつも「危険な曲がり角」であるから、できる限り避けなければならない。

このような危険な曲がり角を避けることができないとしても、子どもたちのうちに勇気と共同体感覚の態度を発達させれば、危険ははるかに少なくなる。実際、子どもが病気によって心理的に影響を受けるのは、共同体感覚を持たない時だけであるといってもよいほどである。自分が全体の一部であると感じるような環境の中で育った子どもは、甘やかされた子どものように危険な病気によって影響を受けることがないであろう。

既往歴は、百日咳、脳炎、舞踏病のような病気の後、心理的なトラブルが始まることをしばしば示している。これらの病気が心理的な困難の原因であると想像する人もある。しかし、実際には、子どもの隠された性格の欠点を明らかにする機会にすぎない。病気の間、子どもは自分の力を感じ、どうすれば家族を支配できるかを発見する。両親の顔に恐れと不安を見て取り、それが自分に向けられたものであることを知る。病気の後も、注目の的であり続けたいと思い、気まぐれであったり、要求したりすることで両親を支配しようとすることでこのことをなしとげる。もちろん、これは社会的に訓練されたことがなく、自分の利己的な努力を表明する機会だけを必要とする子どもに起こることである。

他方、病気は、時には子どもの性格を改善する機会でもある。学校の教師の第二子のケースがある。教師はこの子どものことを心配していたがどうしていいかわからなかった。時々、家から逃げ出し、いつもクラスで一番成績が悪かったのである。ある日、いよいよ父親が子どもを教護院に送ろうとしていた時、少年が股関節結核にかかっているのがわかった。この病気は長期にわたって親がずっと世話をしないといけないものである。ついに回復した時、少年は家族の中で一番いい子どもになった。少年が必要としていたのは、両親からの特別の注目だった。病気になった時、それを得ることができたのである。病気になる前には従順でなかったのは、いつもよくできる兄の影にいると感じていたからだった。兄のようには評価されなかったので、いつも兄と闘ってきた。しかし、病気になって、自分も兄と同じように、親に重んじられ、愛されていることを確信した。こうして、彼はよいふるまいをするようになったのである。

　病気については、子どもの心はしばしば自分がかかった病気の記憶によって深く印象づけられる。子どもたちは、危険な病気や死のようなものがあることに驚き怖れる。子どもたちの心に残された痕跡は、後の人生にあらわになる。病気と死にだけ興味のある人が多いことを知っているからである。このような人で、医師や看護師になることで、自分の関心を病気に結びつけて正しい道を見出す人がいる。しかし、他の多くの人はいつも怖れ、病気は強迫観念となって、有用な仕事をするのを妨げる。百人以上の少女の伝記を調べると、半数ほどの人が、人生において持つ最大の恐怖は病気と死の思いである、と答えた。

　親は、子どもたちが子ども時代の病気についてあまり強い印象を受けないように注意すべきである。子どもたちの心をこのような事実へと準備して、突然ショックを受けないようにしなければならない。親は、人生は限りのあるものだが、生きるに値するものであるには十分長いという印象を子どもたちに与えなければならない。

子どもの人生におけるもう一つの「危険な曲がり角」は、知らない人、知人、あるいは、家族の友人と会うことである。このような人々と会う時に起こる誤りは、彼〔女〕らが実際にはあまり子どもたちには関心を持っていないことによる。彼〔女〕らは子どもたちをおもしろがらせたり、短い時間に子どもたちに非常に強い影響を及ぼすことができることが好きである。子どもたちを大いにほめ、そのようにして自惚れを抱くようにさせる。一緒にいるわずかな時間に何とかして子どもたちを甘やかそうとするので、いつも子どもたちを教育している人を困らせることになる。こういうことはすべて避けなければならない。他の人は、誰も親の教育方法に介入すべきではない。

また、知らない人が子どもの性別を間違え、少年を「かわいい女の子」と呼んだり、その逆のことをすることが非常によくある。このこともまた、思春期の章で議論する理由に基づき、避けるべきである。

家族の全般的な環境は、当然重要である。なぜなら、家族がどの程度社会生活に参加しているかのヒントを子どもに与えることになるからである。いい換えれば、協力についての最初の印象を子どもたちに与えるのである。孤立した家族に育つ子どもたちは、家族の成員と外の人たちとの間にはっきりとした線を引く。家庭と外の世界を分かつ溝があるかのように感じ、外の世界に敵意を持つ。孤立した家庭生活は、対人関係を促進させず、子どもたちにいつも疑いを抱かせ、自分たちの利益だけを求めるようにさせてしまう。このようにして、共同体感覚の発達を妨げるのである。

子どもが三歳になれば、もう他の子どもたちと交わって一緒に遊べないといけないし、知らない人がいるからといって脅えてはならない。さもなければ、子どもは後になって恥ずかしがり屋で、自意識が強くなり、他の人に対して敵対的な態度を取るようになる。一般的に、このような性格特性は、甘やかされた子どもたちの間に見出すことができる。いつも他の人を排除することを願うのである。

親が早い時期にこのような性格特性を矯正することに努めれば、子どもは後になって多くのトラブルを免れることができる。子どもが最初の三、四歳までによい環境で育てられれば――他の子どもたちと遊び、公共の精神に与るように訓練されていれば――、恥ずかしがり屋で、利己的であることを免れるばかりか、神経症や精神病すら免れるであろう。精神病と神経症は孤立した仕方で生き、他の人に関心を持たず、協力ということを理解しない人にのみ起こるものである。

家庭環境を主題にしているので、経済的な状況が変わることで生じる困難について言及しよう。家族が一度は金持ちだったのに（ことに子どもが非常に幼い時に）その後財産を失ったとすると、明らかに困難な状況が生じることになる。このような状況は甘やかされた子どもにとってきわめて過酷なものである。以前と同じだけの注目を得ることができない状況に対して準備されていないからである。過去の利点がなくなって寂しく思い、嘆き悲しむことになる。

逆に、家族が突然金持ちになっても、子どもの教育に困難をもたらすことになる。この場合、親は財産を適切に使う準備ができておらず、とりわけ子どもに関して誤りを犯すことになる。子どもたちに楽しく過ごさせたいと思い、子どもたちを甘やかし、わがままに育てる。今や切り詰める必要はないと感じるからである。その結果、新しく金持ちになった家族に問題のある子どもたちを非常にしばしば見出すことになる。新しく金持ちになった父親の息子は、このタイプの問題のある子どもの悪名高い例である。

このような困難、さらには災難さえも、もしも子どもが協力の訓練を適切に受けていれば、回避することができる。これらすべての状況は、開いたドアに似ている。子どもはこのドアを通って必要な協力の訓練から逃れるだろう。そのようなことがないよう、われわれは注意しなければならない。

子どもたちは、貧困や突然の富のような物質的な状況の異常さによって影響を受けるだけではなく、精神的な状況の異常さによっても影響を受ける。ここで念頭に置いているのは、家庭状況から生じてくる心理的な偏見のことである。これらの偏見は、例えば、父親か母親が何か社会的に不名誉なことをした場合に生じることがある。この場合、子どもも苦しむことになる。子どもは怖れとおののきを持って未来に向かうことになるだろう。仲間から身を隠したいと思い、このような親の子どもであることを知られることを怖れるようになるだろう。

親は、読むこと、書くこと、算数の教育を子どもに与えるだけではなく、他の子どもたちよりも大きな困難を担うことがないよう発達のしかるべき心理的な基礎を与える責任がある。したがって、もしも父親が大酒飲みであったり、すぐにかっとなるのであれば、そのことが子どもにも害を与えるということを覚えておくべきである。結婚が不幸なものであり、夫婦が絶え間なく喧嘩をしていれば、犠牲を強いられるのは子どもである。

これらの子ども時代の経験は、子どもの心に刻まれた生きた碑文のようなものである。子どもは容易に忘れることはできない。もちろん、協力の訓練を受けていれば、その影響を消し去ることはできる。しかし、子どもにとってこのような試練を課するまさにその状況が、子どもが両親から協力の訓練を受けることを妨げるのである。近年、学校で子どもの児童相談所を組織する運動が一斉に行われているのはこういうわけである。何らかの理由で親がその仕事をうまくできない時は、心理学の訓練を受けた、子どもを健全な生活へと導くことができる教師に引き継がなければならない。

個人的な状況から起こる偏見の他に、国籍、人種、宗教による偏見がある。このような偏見は、辱められている子どもだけではなく、辱めている攻撃者である子どもにも害を与える。そのような子どもは、傲慢で、自惚れが強くなる。自分が特権階級に属していると信じ、特権に従って生き、それを振り回す時、しばしば最後は失敗者となって終わる。

国と人種の間にある偏見は、もちろん戦争の根本的な原因である。戦争は、進歩と文化を救うために廃止しなければならない人類の最大の災いである。教師の仕事は、戦争をありのままに見せることであって、子どもに銃や剣で遊ぶことで優越性の追求を表現する安易な機会を与えることではない。このようなことは文化的な生活に対するしかるべき準備ではない。子ども時代の軍国教育の結果、多くの少年が軍隊に入る。しかし、軍隊に入る少年の他に、子ども時代の戦争ごっこによって後の人生において心理的に障害を持つようになる少年がその何百倍もいる。彼らは人生を戦士のように——すぐに突っかかりながら——生き、仲間とうまくやっていく技術を決して学ばないのである。

クリスマスの頃や、その他それに類した機会に、子どもたちがどんな種類のおもちゃやゲームを手にするかに注意すべきである。おもちゃの武器や戦争ゲームはいけない。また、英雄や戦いを賛美する本もいけない。適当なおもちゃの選択については、いうべきことはたくさんあるが、原則は子どもを行動において協力的で建設的であるように促すような種類のおもちゃを選ぶということである。子どもが働きかけ、何かを作り上げるようなゲームの方が、子どもがただかわいがるだけの人形や犬のおもちゃのようなできあいの、あるいは、完成したおもちゃよりも価値があるのは明らかである。ついでながら、動物についていえば、子どもは動物をおもちゃや遊びの対象でなくて、人間の仲間として見なすよう教えられるべきである。子どもは動物を怖れてはならないし、動物に対してボスであったり、残酷であってはならない。子どもが動物にそのようである時はいつでも、自分よりも弱いものを支配したり、いじめたいという欲求があると疑ってもいいだろう。家の中に動物——鳥、犬、猫など——がいれば、それらの動物を苦痛を人間と同じように感じる生きものとして見なすよう子どもに教えなければならない。動物との真の友情は、人間との社会的な協力の準備段階と見なすことができる。

子どものまわりの世界には、いつも親族がいる。まず、祖父母だが、祖父母の状態や状況を第三者的に考察しなければならない。祖父母の立場は、われわれの文化では悲劇的なものである。人は成長してもなおも発達する余地があり、より多くの職業と関心を持つべきである。ところが、これとは反対のことがわれわれの社会で起こっている。老人はいわば隅へと追いやられたように感じている。これは痛ましいことである。老人は働き努力する機会をもっと多く持てば、より多くのことをなしとげ、ずっと幸福になることができるからである。六十、七十、あるいは八十の人にすら仕事を辞めるように勧めてはいけない。仕事を続ける方が、人生の計画の全体を変えるより容易なのである。しかし、誤った社会的な習慣があるので、老人はまだ働き盛りであるのに解雇されてしまう。続けて自己を表現する機会を老人に与えない。その結果、何が起こるだろうか。祖父母に見て取ることができる誤りは、子どもたちに跳ね返ってくる。祖父母は生きていて、この世で価値があるということを証明しなければならない――これは証明すべきことではないのだが――立場にある。これを証明しようとする時、彼〔女〕らはいつも孫の教育を妨げる。子どもたちをひどく甘やかすのである。これは老人たちがまだ子どもの育て方を知っていることを証明するための方法だが、大きな害をもたらす。

この善良で親切な人々の感情を傷つけることを避けなければならない。しかし、もっと活動する機会を与えられるべきであるけれども、子どもは自立した人間として育ち、他の人のおもちゃではないと祖父母には教えなければならない。子どもたちが、家族の力関係の必要に応じて、搾取されるようなことがあってはならない。もしも祖父母が両親と口論になれば、祖父母に主張を通させても、負けさせてもいいのだが、子どもを祖父母の側につかせようとすることがあってはならない。

心理療法を受ける患者の生育歴を調べると、しばしば祖母や祖父のお気に入りであったことがわかる。このことが幼児期の困難に寄与したことは明らかである。祖父母がひいきすることが、甘やかすこととなったり、他の子どもに対する競争関係や嫉妬を駆り立てる。また多くの子どもたちが、祖父や祖母のお気に入りであったと独り言をいう。そして他の人のお気に入りでなければ、傷つけられたと感じる。

子どもの人生に重要な役割を果たす他の親戚の中に才気活発ないとこがいる。彼〔女〕らは大いなるしゃくの種ということができる。時には才能が際立っているだけではなく、美しくさえある。才気があるか、あるいは、美しいいとこがいるということを思い出させることが、子どもにどんなトラブルをもたらすかは容易にわかる。勇気があって、共同体感覚を持っていれば、才気があるということは、単によりよく訓練するということを意味するだけであると理解するだろう。そして、才能に恵まれたいとこに追いつく方法を探すだろう。しかしよくあることだが、もしも優れているということが自然の恵みである、つまり、人が才能豊かであるのは生まれつきであると信じるならば、自分が劣っており、運命によって悪い扱いを受けていると感じるであろう。このようにして、子どもの全体的な成長は遅れることになる。美はたしかに自然の恵みであるが、われわれの文明においては常に過大評価されている。この点においても、子どものライフスタイルの誤りを見て取ることができる。美しいいとこがいるという思いに子どもが悩む時に、この誤りは起こりがちである。二十歳を過ぎてからでも、子ども時代に感じられた美しいいとこに対する妬みを鋭く感じるのである。

このように美を崇拝することの弊害と闘う唯一の方法は、子どもたちに健康と仲間とうまくやっていく能力の方が、美よりも重要である、と教えることである。美が価値あるものであるという事実に反論することはできない。しかし、事物を合理的に計画する際、一つの価値を他のすべてから切り離し、最高の目標として示すことはできない。美においては、このことが起こっているのである。美が合理的でよき生活にとって十分ではないということは、犯罪を犯すタイプに、きわめて醜い少年だけではなく、非常にハンサムな少年がいるという事実によって証明される。どういう次第でこれらのハンサムな少年たちが犯罪者になったかを理解することができる。彼らは自分がハンサムであるのを知っていた。そして、すべてのものが自分の思うようになると考えていた。それゆえ、人生に対してしかるべく準備がされていなかった。しかし、後になって、問題を努力なしに解決することはできないことがわかった。そこで、もっとも抵抗の少ない道を選んだ。古代ローマの詩人のウェルギリウスがいっているように、「地獄に落ちるのはやさしい！」

　子どもの読み物についていっておかなければならない。子どもたちにはどんな種類の本が与えられるべきだろうか。おとぎ話はどうしたものだろうか。聖書のような本はどのように子どもに対して読まれるべきだろうか。ここでの要点は、一般に次のような事実が見逃されているということである。即ち、子どもは事物を大人とはまったく違った仕方で理解するということである。また、子どもたちは個々の事象を自分自身に固有の関心の種類に沿って把握しているということも見逃されている。臆病な子どもであれば、聖書とおとぎ話に、自分たちの臆病さを是認し、いつも危険を怖れるようにさせるストーリーを見つけ出すだろう。おとぎ話と聖書は、主観的な空想が命じるような意味ではなく、意図されている意味を子どもが把握できるように、常にコメントを加え、解釈する必要がある。

　おとぎ話はもちろん楽しい読み物の一つである。大人でも読んでためになる。しかし、おとぎ話について矯正される必要がある一つの点がある。特定の場所と時代からはかけ離れているということである。子どもたちはめったに時代と文化が違っているということを理解しない。子どもたちはまったく違った時代に書かれたおとぎ話を読んでいるのに、外観の違いを考慮に入れないのである。おとぎ話にはいつも王子がいて、王子はいつも賞賛され、際立たされる。そして、性格のすべてが非常に魅惑的な仕方で叙述される。描かれる状況はもちろん実際には存在したことはない。しかし、王子を崇拝しなければならなかったある時代には適当であったおとぎ話風に美化された理想を表している。子どもたちにはこのようなことについて話さなければならない。魔法の後ろにある空想の世界についても話さなければならない。さもなければ、困難にぶつかった時、そこから逃れる安易な方法を探す大人になるかもしれない。ある十二歳の少年は、何になりたいかと問われ「魔法使いになりたい」と答えたが、実際、そのような大人になるかもしれないのである。

　おとぎ話はしかるべくコメントをすれば、子どもたちの視野を広げるだけではなく、協力の感覚を子どもたちのうちに植えつけるための手段になる。映画についていえば、一歳の子どもであれば連れて行っても何の危険もない。しかし、それ以降の年齢の子どもであれば、いつも映画に展開する内容を誤解するといってよいだろう。ある四歳の子どもが、劇場で上演されたおとぎ話を見た。後年になっても、この世には毒の入った林檎を売る女性がいると信じていた。多くの子どもたちは、主題を正しく理解できない。あるいは、あまりに大ざっぱな概括化をしてしまう。子どもが正しく理解するようになったと確信するまでは事柄を説明するのは親の課題である。

新聞を読むと、子どもたちが免れるのが望ましい外からの影響を受けることになる。新聞は大人のために書かれているのであって、子どもの見方をしていない。子どものための特別の新聞があるところもある。しかし、普通の新聞についていえば、準備されていない子どもたちに人生についての歪んだ見方を与えることになる。子どもは、われわれの人生のすべてが殺人や犯罪や事故で満ちていると信じるようになる。事故の報道は、特に幼い子どもたちにとって気を滅入らせるものである。われわれは大人たちの発言から、子どもの時にどれほど火事が怖かったか、どのようにしてこの恐怖が彼〔女〕らの心を悩ましたかを見て取ることができる。

これらの例は、子どもの教育において親と教師が考慮しなければならない外からの影響の中から選ばれたわずかのものである。しかし、これらはもっとも重要であり、外からの影響についての一般的な原理を例証している。何度も何度も個人心理学は、「共同体感覚」「勇気」という標語を示さなければならない。他の問題におけるのと同様、ここでも同じスローガンが妥当するのである。

第十二章　思春期と性教育

思春期については万巻の書が書かれてきた。このテーマは重要だが、必ずしも人が想像しているような仕方で重要であるわけではない。思春期といっても皆同じというわけではないのである。思春期の子どもは皆違う。向上心のある子どももいれば、不器用な子どももいる。また、こぎれいに着飾った子ども、いつも非常に汚い恰好をしてうろつき回る子どももいる。思春期の子どものように見え、そのようにふるまう大人や、老人までもがいるのを見ることがある。個人心理学の視点からは、これはあまり驚くべきことではない。このような大人は、成長のある段階で止まってしまったということを意味しているにすぎないからである。実際、個人心理学からすれば、思春期はすべての人が通らなければならない成長の一つの段階にすぎない。どんな成長の段階も、あるいはどんな状況も、個人を変えることができるとは、われわれは信じない。それは、試験として、即ち、過去に形成された性格特徴を明らかにする「新しい状況」として作用するのである。

厳しく監視され、見張られ、あまり力を振るうことも、ほしいものがあってもほしいといえなかった子ども時代を例に取ってみよう。急激な生物的、心理的な成長をする思春期の段階で、このような子どもは、鎖から自由になったかのようにふるまうだろう。そして、すぐに成長し、パーソナリティは健全な線に沿って成長するだろう。他方、成長が止まり、後ろを見るようになり、過去を振り返り現在に正しい道を見出すことができなくなる子どももいるだろう。そのような子どもは、人生に関心を持たず、自分のうちに引きこもるようになる。これは、抑圧された子ども時代に束縛されていたが、思春期に解放されるエネルギーの兆候ではなく、人生に対してしかるべく準備されなかった甘やかされた子ども時代の兆候なのである。

人のライフスタイルは、思春期において、それ以前の時期よりもよく知ることができる。その理由は、もちろん、思春期が子ども時代よりも人生の前線により近くいるからである。今や人が他人に対してどのようにふるまうか知ることができる。友人を簡単に作るか、共同体感覚のある仲間になれるかどうかを知ることができる。

時にはこの共同体感覚は、ないどころか誇張された表現を取ることがある。バランスの感覚を失い、他の人のために自分の人生を犠牲にすることだけを欲する若者に出会うことがある。彼〔女〕らは社会に過度に適応した人である。このことも成長の障害となることが明らかになることがある。人が本当に他の人に関心を持ちたいと思い、公共の目的のために働きたいと思うのであれば、まず自分自身の世話ができなければならない。与えるということが何か意味を持っているのであれば、自分自身が何か与えるものを持っていなければならないのである。

他方、十四歳から二十歳までの間にまったく社会的に孤立していると感じる若者も多い。彼〔女〕らは十四歳で学校をやめると、その結果、昔の級友との接触をすべて失ってしまった。新しい関係を築くまでには時間がかかる。その間にまったく孤立してしまったと感じるのである。

さらに職業の問題がある。ここでも思春期は隠されていたことを明らかにする。ライフスタイルにおいて形成された態度を明らかにするのである。非常に自立するようになり、すばらしい仕事をする若者に出会う。彼〔女〕らは、成長の正しい途上にいることがわかる。しかし、この時期に止まってしまう若者もいる。自分で適当な職業を選ぶことなく、仕事や学校を変えてしまう。さもなければ、怠惰で、働きたいとはまったく思わない。

これらの兆候は、いずれも思春期に形成されたのではなく、この時期にはっきりと表面に現れたにすぎない。思春期以前に準備されていたのである。思春期に、子どもは見張られ守られ制限される時期よりも、自由に自主的に自分自身を表現できる機会が与えられる。ある子どもを本当に知れば、思春期になった時に、子どもがどんなふうにふるまうようになるか予言することができる。

人生の三番目の根本的な課題——愛と結婚——へと移ろう。この課題に対する思春期の子どもの答えは、その子どものパーソナリティについて何を明らかにするだろうか。ここでも思春期以前の時期との断絶はない。ただ心理活動が強められて、答えを以前よりもはっきりとしたものにするだけである。どうふるまわなければならないかを確信している子どもがいることも見出すだろう。彼〔女〕らは愛の課題にロマンチックにか、勇敢に直面するだろう。いずれにしても異性に対する行動の正しい規範を見出す。

これとは反対の極にある若者は、性の問題について非常に臆病になっている。いわば人生の前線の近くにいるので、準備ができていないことを明らかにする。思春期からパーソナリティについて知ると、後の人生にどんな行動をするかについて確かな判断をすることができる。われわれは未来を変えたければ何をしなければならないかを知っている。

思春期の子どもが異性に対して非常に拒絶的な態度を示せば、彼〔女〕らの人生を過去へと遡っていけば、おそらく闘う子どもであったことがわかるだろう。他の子どもがひいきされたので、勇気をくじかれたのだろう。その結果、今や力強く前に進んでいき、傲慢になって、感情のあらゆる誘惑を否定しなければならないと信じているのである。セックスに対する彼〔女〕の態度は、かくて子ども時代の経験を反映している。

思春期には家を出たいと願うことがしばしばある。これは、子どもが家の状況にまったく満足したことがなく、今や家族との絆を破る初めての機会に憧れているという事実によるのかもしれない。もはや援助されたいとは思わない。もっとも、援助が続けられることは、本当は子どもにとっても親にとっても非常に有用である。状況が子どもにとって悪くなった時に、親から援助を得られないことが失敗の口実になってしまうからである。

同じ傾向は、はっきりとではないが、家に留まるが、夜に家に帰ってこないためにあらゆる機会を利用する子どもにも見出される。もちろん、静かに家にいるよりも外に行って楽しみを求める方がずっと魅惑的である。それはまた家庭に対する暗黙の非難であり、家では自由であると感じることができず、いつも守られ監視されていると感じていることを示している。そのようにして、子どもは自分自身を表現し、自分自身の誤りを見つけ出す機会を持たなかった。思春期はこのような方向へと進んでいく危険な時である。

多くの子どもたちは、また、思春期に、突然、以前に感じていたほど強く賞賛されなくなるのを感じる。おそらく、学校ではいい生徒であり、先生に大いに賞賛されていたのである。ところが、突然、新しい学校、新しい環境、新しい職業へと移ることになった。その時にもまた、学校でもっともよくできる生徒が思春期にそうあり続けないことはしばしばある。変化があったように見えるが、実際には、何も変わっていない。ただ、以前の状況が、新しい状況ほどには彼〔女〕らの性格を明らかにしなかっただけのことである。

これらすべてから、思春期のトラブルのもっとも優れた予防手段は、友情を育てることであるということが帰結する。子どもたちは互いによき友人であり、仲間であるべきである。そして、このことは、家族の外の人だけではなく、家族の成員にも当てはまる。家族は、その成員のすべてが他の成員を信頼する単位であるべきである。子どもは両親と教師を信頼しなければならない。実際、思春期には、それまで仲間であり、共感を示す仲間であった親と教師だけが指導を続けることができるのである。それ以外の親や教師は、この時期には子どもたちに排除されてしまうだろう。子どもは親や教師を信頼せず、まったくアウトサイダー、あるいは、敵と見なすだろう。

少女たちの中には、まさにこの時期になって女性の役割を嫌悪するようになり、少年の真似をするようになるものが見られる。もちろん、少年を真似るには、勤労によってよりも、思春期の悪——即ち、喫煙、飲酒、非行仲間に加わること——を真似る方がずっと容易である。また、少女たちが、もしも少年の行いを真似なければ、自分に興味を持ってもらえないという口実を持っていることがある。

思春期の少女のこの男性的抗議を分析すると、問題となっている少女は、ごく小さい時から女性の役割を好んでいなかったことがわかるだろう。しかし、これまでのところは、嫌悪感は隠されていたが、思春期において初めてはっきりと現れたのである。この時期の少女の行動を観察するのが重要なのはこういうわけである。この時期に、将来の性の役割に関してどんな立場を採るかを見出すことができる。

この年齢の少年は、しばしば非常に賢く、勇気があり、自信のある男性の役割を演じたいと思う。別のタイプの少年は、自分の問題を怖れ、真に完全な男性であることに疑いを持つ。男性の役割について教育に何らかの問題があったとすれば、それが現れるのはこの時期である。彼らは柔弱になり、女性のようにふるまうことを好むだろう。そして、女性の悪徳——こびを売ったり、気取ること——を真似さえする。

少年の間のこのような極端な女性的な傾向と並んで、典型的に男性的な性格特性に傑出している少年も見出すことができる。彼らは飲酒や性的な放縦において抜きん出ている。時には、男らしさを見せびらかしたいということだけで犯罪をし始める。このような悪徳は優越して、リーダーになり、仲間を驚かしたいと思う少年に見出される。

しかし、このようなタイプには、向こう見ずで野心があるが、臆病という性格が隠されているのである。最近、アメリカでいくつかの有名な例があった。ヒックマン、レオポルド、ローブ(1)のタイプである。彼らの経歴を調べれば、安楽な人生に対して準備されており、いつも安楽な成功を探していたことがわかるだろう。このようなタイプの人は活動的だが、勇気がない。この二つのことが結びつけば、まさに犯罪行為に繋がる。

思春期になってから初めて両親を殴った子どもたちがいる。彼〔女〕らの行動の背後にある隠された統一性を探さない人は、子どもが突然変わってしまったと想像するだろう。しかし、それ以前に起こったことを調べれば、性格は変わってはおらず、今や行動を起こすために、より多くの力と可能性を持っているにすぎないことがわかる。

考えなければならないもう一つの点は、思春期にはどの子どもも試験に直面していると感じているということである。もはや自分が子どもではないということを証明しなければならないと感じるのである。これは、もちろん油断ならない感情である。何かを証明しないといけないと感じる時は、いつでも行きすぎる傾向があるからである。そして、子どもも行きすぎるのである。

これは実に思春期のもっとも重要な兆候である。これに対抗する方法は、若者に、もはや子どもではないということを大人に確信させなくてもいい、と説明することである。証明は必要ではない。

このことを話せば、行きすぎた行動や態度を避けることができる。

少女たちの中には性的な関係を過大に評価し、「男狂い」になる少女がいる。これらの少女たちはいつも母親と闘っているのであり、自分は抑圧されていると信じている（そして、おそらく実際に抑圧されている）。母親を困らせるために、どんな男ともセックスをする。見つかれば母親が苦しむだろうと考えると非常に幸福である。多くの思春期の少女は、母親と喧嘩して、あるいは、父親があまりに厳格なので、家を出て、初めてセックスを経験する。

よい少女であるようにと両親に抑圧されているのに、両親が心理的な洞察に欠けているために少女が悪くなるというのは皮肉なことである。このようなケースの誤りは、少女にあるのではなく、親の方にある。親が少女が出会わなければならない状況に対してしかるべく準備しなかったからである。思春期の前に、少女たちをあまりに保護しすぎ、その結果、少女たちのうちに思春期の落とし穴に直面するために必要な判断と自信を発達させることができなかったのである。

時には、思春期にではなく、思春期の後に、結婚に際して現れることがある。しかし、原理は同じである。少女がただ幸運にも思春期に好ましくない状況にいなかったというだけのことである。しかし、遅かれ早かれ、好ましくない状況が必ず現れるので、それに対して準備をすることが必要である。

具体的に思春期の少女の問題を例証するために一つのケースを出してみよう。このケースの少女は、十五歳で非常に貧しい家庭の出身だった。不幸にして、彼女には、いつも病気で母親が看病しなければならなかった兄がいた。少女は小さい頃から注目の度合いの違いに気づいていた。事態を複雑にしたのは、彼女が生まれた時、父親も病気で、母は兄と父の二人の世話をしなければならなかった。少女は世話をされ、注目を得るという言葉が何を意味するかということの二重の例をはっきりと見て取った。そして、人に世話をされ認められることを熱烈に希求するようになった。しかし、家庭の中では認められなかった。特に、妹が生まれてきて、その時まだ持っていたわずかばかりの注目を妹が奪ってからはそうだった。運悪く、妹が生まれた時、父親はよくなったので、赤ん坊だった妹は、少女自身が幼児の時に受けていたよりも多くの注目を得るようになった。子どもたちはこれらのことに気がつくものである。

　少女は家で注目を得られないことを、学校で一生懸命勉強することで埋め合わせようとした。クラスで一番になり、大変優秀だったので、学業を続け高校へ進学するように勧められた。しかし、高校に入ると、変化が起こった。成績が振るわなくなったのである。新しい教師は少女のことをよく知らず、注目しなかった。彼女は認められたかったが、今や家庭でも学校でも認められなくなった。それでも、どこかで認められなければならない。そこで、自分を認めてくれるであろう男性が現れるのを待ち望んだ。知り合った男性と二週間一緒に過ごしたが、男は飽きてしまった。何が起こるかを予言できただろう。これは彼女が望んでいる承認ではないことを知るだろう、と予言することができたであろう。その間に家族は心配になって、捜索を開始した。突然、彼女から手紙が届いた。「毒を飲みました。心配しないで。私は幸せです」。自殺は、明らかに、幸福と認められることを求めて失敗した後で思いついたことだった。それにもかかわらず、自殺はしなかった。両親から許しを得るための脅しとして自殺を使ったのである。母親が見つけ、家に連れ帰るまで、少女は通りをさまよい歩いていた。

　われわれが知っているように、もしも少女が、人生のすべては認められたいという努力によって支配されていることを知っていれば、これらすべてのことは起こらなかっただろう。また、もしも高校の教師が、少女がいつも学業優秀で、彼女が必要としていたのは、いくらかでも認められるということであったということを知っていれば、悲劇は起こらなかっただろう。状況の連鎖のどの点においてでもいいが、少女をしかるべく扱えば、少女を破滅から救うことができただろう。

　ここで性教育の問題が出てくる。性教育の主題は近年ひどく誇張されてきた。そういってよければ、多くの人が性教育の主題に関して気が狂っているように見える。彼らは、性教育はあらゆる年齢に必要である、と主張する。そして、性的に無知であることの危険を過度に強調する。しかし、われわれ自身の、また、他の人の過去を振り返ってみても、彼らが主張するような大きな困難も危険もないことがわかる。

　個人心理学の経験が教えるところによれば、子どもには二歳の時に、少年であるか少女であるかを教えるべきである。また、その時に、性は変えることはできず、少年は男に、少女は女になるということを説明しなければならない。これさえすれば、他のことは知らなくても、それほど危険ではない。少女は少年のようには教育されず、少年は少女のように教育されないということが納得させられたら、性の役割が心の中で固定され、必ず普通の仕方で自分の役割を発達させ準備するであろう。しかし、何らかの策略を使えば、性の役割を変えることができると信じると、問題が生じることになる。両親がいつも子どもの性を変えたいといっている時も問題は生じる。『孤独の井戸』[2]の中に、この状況のすばらしい文学表現を見出すことができる。親はあまりにしばしば少女を少年のように、あるいは、その逆に教育することを好む。異性の服を着せて写真を撮る。時には、少女が少年のように見えることもある。そうすると、まわりの人たちは少年のように子どもに話しかけ始める。このことは大きな混乱を引き起こすかもしれないが、うまく回避できる。

女性を過小評価し、少年を優れたものとして見なす傾向のある性についてのいかなる議論も避けるべきである。子どもたちは、男性も女性も同じ価値があるということを理解するようにするべきである。このことが重要なのは、過小評価された性の側の人が劣等感を持たないようにするためだけでなく、男の子たちに悪い影響を与えないためである。少年たちが自分たちが優れた性であると教えられなければ、少女を単なる欲望の対象として見なすようにはならないだろう。また、将来の仕事を知っていれば、セックスを醜いものと見なすようにはならないだろう。

いい換えれば、性教育の本当の問題は、ただ性関係の生理学を子どもたちに説明することではないのである。愛と結婚に対する全体的な態度をしかるべく準備することを含んでいるのである。これは社会適応の問題と緊密に結びつく。人が社会的に適応していなければ、性の問題のことで冗談をいい、事柄を自己満足の視点からのみ見る。このことはもちろんあまりにしばしば起こることであり、われわれの文明の欠陥を反映している。女性は苦しまなければならない。われわれの文化のもとでは、男性が指導的役割を果たす方が容易だからである。しかし、男性も苦しむ。この仮構的な優越性によって、根底にある人間の価値と接することができないからである。

性教育の身体的な側面についていえば、子どもたちがこの教育を非常に早い時期に受ける必要はない。子どもが好奇心を持ち、何かを発見したいと思うようになるまで待ってもよいのである。子どもに関心のある母親と父親であれば、子どもがシャイで質問ができなくても、いつ指導していいかわかるだろう。子どもが父親と母親が自分の仲間であると感じれば、質問をするだろう。その時、答は子どもが理解できるようにしなければならない。性衝動を刺激するような答えをすることは避けなければならない。

この連関で、子どもが明らかに早熟に性本能を現したからといって、いつも驚く必要はない。性的な発達は非常に早く始まる。実際、人生の最初の数週間に始まるのである。たしかに幼児が性的な快楽を経験し、時には性器を刺激する。このような行いを始める兆候を見ても驚いてはいけない。むしろ、そのことをあまり重視しないで、やめさせるように最善を尽くさなければならない。大人がこのことについて心配しているということを子どもが知れば、注目を得るためにこの習慣を故意に続けるだろう。子どもが性衝動の犠牲になっているとわれわれに思わせるのはこのような行為である。しかし、実際には子どもは見せびらかすための道具としてこの習慣を利用しているのである。一般的に、小さな子どもは性器で遊ぶことで注目を得ようとする。親がこの行為を怖れていることを知っているからである。子どもたちが病気のふりをするのもこれと同じ心理である。病気になるといつもより甘やかされ、愛されるのを知っているからである。キスしたり、抱きしめたりして子どもを身体的に刺激してはならない。そのことは子どもにとって、特に思春期の子どもにとって残酷なことである。また、精神的にも、性の問題で刺激してはならない。非常にしばしば起こることだが、子どもは父親の書斎にわいせつな写真を見つける。心理クリニックではこのようなケースをよく聞く。子どもたちは自分たちの年齢にふさわしくない程度で性の問題を扱った本を手にすることができないようにするべきである。また、性のテーマが扱われている映画を見に連れて行ってもいけない。

　このような早熟な種類のあらゆる刺激を避けるならば、怖れることはない。しかるべき時にわずかな言葉で話しさえすればいいのである。子どもを苛立たせることなく、いつも本当に簡単な仕方で答えればいいのである。とりわけ、子どもとの信頼を保ちたいのであれば、子どもに嘘をいってはならない。子どもが親を信頼していれば、仲間からの説明を割引して聞く（おそらく、九割の人は性の知識を友だちから得る）。そして、親のいうことの方を信じるだろう。このような子どもと親の間の協力や仲間意識は、窮地から逃れられると信じて使われるいい逃れよりもずっと重要である。あまりに多くのセックスを経験したり、あるいは、人生のあまりに早い時期にセックスを経験すると、後になってセックスに背を向けるようになる。両親がセックスしているのを気がつかせないようにするのがいいことであるのは、こういうわけである。できるならば、子どもたちは親と同じ部屋で（もちろん、同じベッドで）寝るべきではない。また、姉妹と兄弟も同じ部屋で寝るべきでもない。親は子どもたちが正しくふるまっているよう注意し、また外からの影響にも注意しなければならない。

以上述べたことが、性教育の問題に関してもっとも重要な点をまとめたことになる。われわれは、ここで、他のすべての教育の段階におけるのと同様、家族の中の協力と友情がとりわけ重要であることを見る。このような協力があり、性の役割と男と女の平等について早くから知っていると、子どもは直面することになるかもしれないどんな危険に対してもよく準備されることになる。そして、とりわけ、健康な仕方で仕事を営む準備がよくできるようになるのである。

第十三章　教育の誤り

子どもたちを育てる時、親や教師が決して子どもたちの勇気をくじくことがあってはならない。子どもの努力がすぐに実らなかったといって、絶望してはならない。子どもが活発でなく、無感動で、あるいはことに消極的であるというので、失敗することを予想してはならない。また、才能がある子どもたちと才能がない子どもたちがいるという迷信に影響を受けないようにしなければならない。個人心理学は、子どもたちに、もっと勇気と自信を与えることで、また、子どもたちに困難は克服できない障害ではなく、それに立ち向かい征服する課題であると見なすよう教えることで、すべての子どもたちについて、その精神的な能力を刺激する努力をすることを主張する。このような努力をしても成功するとは限らない。しかし、成功する多くのケースは、めざましい結果をもたらさないケースを補って余りある。次のケースは、われわれの努力が成功した興味深いものである。

小学校六年生、十二歳の少年のケースである。成績は悪かったが、そのことを少しも意に介さなかった。少年には、並外れた不幸な過去の歴史があった。くる病のために三歳頃まで歩けなかったのである。三歳の終わりになっても、ほんの数語しか話せなかった。四歳の時、母親は彼を児童心理学者のもとに連れて行ったが、望みがないといわれた。しかし、母親はこのことを信じず、子どもを児童相談所へ連れて行った。そこでの成長はゆっくりとしたもので、相談所はあまり援助することができなかった。六歳の時に、学校に入学できるという決定がされた。学校での最初の二年は、家庭で特別の指導を受けた。そのおかげで、学校の試験に通ることができた。三年生を何とか終え、四年生も終えた。

学校と家庭での状況は次のようだった。少年は学校では非常に怠惰であることで注目を引いた。集中できず、注意していることができない、と不平をいっていた。級友とうまくやっていけず、からかわれ、いつも自分は他の子どもよりも弱いように見えた。級友の中で、一人だけ友人がいた。彼のことを非常に好きで、一緒に散歩をした。彼以外の友人は気に食わないと思い、関係を持てなかった。教師は、少年が算数に弱く、書くことができない、と文句をいった。このことを教師は確信していたが、実際には、他の子どもたちと同じくらいできたのである。

少年の生育歴と、少年が既にできていたことを照らし合わせると、少年の治療は誤った診断に基づいていたことは明らかだった。少年は、強い劣等感、劣等コンプレックスで苦しんでいた。少年には、非常に成功を収めた兄がいた。両親は、兄は勉強などしなかったのに高校に入学できたといっていた。親は、子どもたちが少しも勉強する必要がないというのが好きである。だから、子どもたち自身もそのことを誇りにしたいと思う。しかし、何らかの種類の勉強をせずに学ぶことが不可能であるのは明らかである。この兄はおそらく熱心に集中して聞き、学校で見聞きしたことを記憶することで、教室で勉強の大部分をする訓練をしたのだろう。あまり注意を払わない子どもたちが、家で勉強しなければならないのである。二人の少年には何という違いがあることだろう！　われわれの少年は兄よりも能力が劣っていて、兄よりも価値がうんと低いという抑圧された感覚をいつも持って生きなければならなかった。おそらく、彼はこのことを母親が腹を立てた時、何度も聞かされたであろうし、彼のことを馬鹿とか阿呆とか呼んでいた兄からも聞かされたであろう。母親がいうところでは、兄は弟がいうことを聞かなければしばしば弟を蹴っていた。このようなことの結果として、われわれの目の前に今いるこの子どもは、他の子どもよりも価値がないと信じているのである。人生は、彼の信念を強めていくように思えた。教師たちは彼のことを馬鹿にして笑った。学校の勉強はいつも誤りがたくさんあった。彼は集中できない、といった。あらゆる困難が彼を脅かした。教師は時々少年はクラスや学校にいてはいけないといった。ついに自分が陥った状況を避けることができないと信じ、他の人が自分について持っている意見は正しいと確信したのは驚くべきではない。子どもが非常に勇気をくじかれ、将来を信じなくなるのは痛ましいことである。

この子どもが自信を失っていたのは明らかである。私が陽気に彼と話し始めた時に、震え青ざめたからわかったのではなく、いつも気づかれるべきである小さな兆候から見て取ることができたのである。何歳かたずねると（十二歳であることを知っていた）、「十一歳」と答えた。このような答を偶然と見てはならない。大抵の子どもは自分が何歳かは正確に知っているからである。このような誤りには根底に理由があることを確かめる機会がしばしばあった。この子どもの人生に何が起こったかを考察し、彼の答を思い出すと、過ちを取り戻そうとしているという印象を持つのである。過去、即ち、今よりも小さく、弱く、援助を必要とした時へ戻りたがっているのである。既にわれわれが知っている諸事実から子どもの内的なシステムを再構築することができる。彼は、彼の年齢の子どもに通常与えられる課題を達成することに救いを求めようとはしない。むしろ、他の子どものように十分成長しておらず、彼〔女〕らとは競えないかのように信じ、そのようにふるまったのである。他の子どもよりも遅れていると感じていることは、自分の年齢を少なく答えたことに表れている。「十一歳」と答え、ある状況においては、五歳の子どものようにふるまうことができる。自分が劣っていることを非常に確信しているので、活動のすべてを、この遅れているという仮定された状況へと適応させようと試みているのである。

　彼は昼間にまだパンツを濡らし、排便をコントロールすることができなかった。これは、子どもが自分はまだ赤ん坊であると信じているか、そう信じたい時に現れる兆候である。この少年が過去に執着し、できることなら過去に戻りたいと願っているというわれわれの言明を確証してくれる。少年の家には女性の家庭教師がいた。彼が生まれた時には既に家に住んでいた。子どもに非常に愛着を持っており、できる時はいつでも母親の代わりをし、子どもたちの支えとなった。さらに、次のような結論を導き出すことができた。既に少年の生活の様子、朝早く起きることが好きではなかったことを知っている。起きるのにどれくらいかかったかを語る時、嫌悪のジェスチャーをした。少年は学校に行きたくないと結論づけることができる。級友とうまくやっていけず、自分が抑圧されていると感じ、どんなことであれ何かをなしとげることはできないと信じている少年は、学校に行きたいとは思わない。結果として、学校に間に合うよう起きたくないのである。

　しかし、その家庭教師は、少年は学校に行きたいのだといった。最近少年が病気になった時、起きることを許してもらえるよう切願したという。このことは、われわれがいったことと少しも矛盾しない。答えるべき問いは、「どのようにして家庭教師はこのような誤りができるか」である。状況ははっきりしており、興味深いものである。少年は病気だった時は、学校に行きたいということができた。家庭教師が「病気だから学校には行けません」と答えることをはっきり知っていたからである。しかし、家族は表面上の矛盾を理解できなかった。それで少年に対して何をしていいのか混乱してしまった。家庭教師が、実際に少年の心の中で起こっていることを理解できないということを観察する機会がわれわれにはしばしばあった。

　少年がわれわれのところにくることになったきっかけは別のことだった。キャンディーを買うためにその家庭影師からお金を盗んだのである。このことも、少年が小さな子どものようにふるまっていたことを意味する。キャンディーのためにお金を盗むことは、非常に子どもっぽいことである。非常に幼い子どもであれば、キャンディーがほしくてたまらない時、このようなことをする。このような子どもは自分の身体の働きをコントロールすることもできない。このことの心理学的な意味は次のようである。「あなたは私を見張っていなければならない。さもなければ、どんないたずらをしでかすかわからないぞ」。少年は、他の人を自分に関わらせるような状況を作り出した。自信がなかったからである。家庭と学校の状況を比較すると、連関は明らかだった。家庭では、人を自分にかかわらせるような状況を作り出すことができたが、学校ではできなかったのである。しかし、誰が子どもの行いを矯正しようと何かをしただろうか。

われわれのところに少年がくる時までに、彼は遅れており、劣っている子どもと見なされていた。しかし、分類には少しも当てはまらなかった。自信を持つようになれば、すぐに級友の誰とも同じくらいやりとげることができる完全に正常な子どもだった。しかし、いつもどんなことでも悲観的に見て、一歩前進する前に、敗北を受け入れてしまう傾向があった。自信を失っていたことはジェスチャーのすべてに表されていたし、「集中できない。記憶力が弱い。不注意。友達がいない、等々」という教師の報告にも確かめることができた。少年が勇気をくじかれていることははっきりしていたので、誰もそれを見逃すことができなかった。状況は非常に不利だったので、彼の見方、考え方を変えることは困難だった。個人心理学質問表に基づいて質問がされた後、カウンセリングが行われた。少年とだけではなく、関係のあるすべての人と話をする必要があった。まず、母親。もう長く望みがないと、少年のことを断念しており、ついに何か仕事ができるようにはしたいとは努めていた。第二に兄。彼は、弟のことを軽蔑していた。

われわれの少年は当然のことながら、「大きくなったら何になりたいか」という質問に答えなかった。これは非常に特徴的である。なかば大人になりかけた子どもが本当に何になりたいか知らないとすれば、われわれは不審に思う。子どもの時に選んだ職業には通常就かないというのは本当である。しかし、これは問題にならない。少なくとも、何になりたいかという思いに導かれるものである。非常に早くから子どもたちは、運転手、夜警、機関士、あるいは、子どもっぽい価値観には魅力的に見えるものならどんな職業にでも就きたいと思う。しかし、子どもが実質的な目標を持っていない時には、未来から目を逸らし、過去に戻ること、あるいはいい換えれば、未来とそれに関係するあらゆる課題を避けることを願っているのではないかと考えることができる。

　これは個人心理学の根本的な主張の一つと矛盾しているように見える。子どもに特徴的な優越性の追求について語ってきたからであり、すべての子どもは自分を発達させ、他の人より大きくなり何かをなしとげたいと願っていることを示そうとしてきたからである。ところが、突然、今われわれの目の前にいるのは、これとは反対のことがいえる子ども、即ち、後退して、小さくなり、他の人に支えてほしいと思う子どもである。これをどう説明することができるだろうか。精神生活の動きは単純ではなく、複雑な背景を持っている。複雑なケースで単純な結論を引き出そうとすれば、いつも間違ってしまう。これらの複雑さの中のすべてに欺瞞がある。そして、例えば少年が後ろ向きに努力しているのは、そうすれば、もっとも大きく、安全な場所にいるように見えるからであるというような、事柄それ自体から反対のことを引き出そうとするどんな弁証法的な試みも、全体像を完全に理解するのでなければ、混乱させるものであるに違いない。実際、これらの子どもたちは、興味深い仕方で正しいのである。実際に、本当に小さくて、弱く、無力だった時のようには、今は強く支配的にはなれないからである。自信を持っていなかったわれわれの子どもは、何もなしとげることができないのではないかと怖れていた。それでは、何かを彼から期待するような未来であれば、少年が進んでそのような未来と直面すると仮定できるだろうか。少年は、自分の力と能力が個人として測るのに使われるあらゆる状況を避けなければならない。それゆえ、後に残るのは、彼に意志をほとんど要求しない非常に制限された活動の領域だけである。このようにして、認められるための努力にはほんのわずかな部分、即ち、他人に依存していた小さな子どもの時に受けた承認しか残っていないことを理解できるのである。

　われわれは少年の教師、母親、兄とだけでなく、父親と級友たちとも話し合わなければならない。しかし、教師を味方につければ、この仕事の大部分は軽減される。これは不可能なことではないが、簡単なことでもない。多くの教師は、依然として古い方法と信念に執着し、心理学による吟味を何か異常なことと見なしているからである。心理学の吟味は教師としての力を失うことを意味すると怖れるか、さもなければ、不当な干渉であると見なす。もちろん、そうではない。心理学は一朝一夕に学ぶことができる科学ではなく、学び、かつ実践しなければならない。しかし、もちろん、誤った見方をしている時は、心理学はほとんど役に立たない。

　寛容も必要な性質である。教師にとっては特に必要である。新しい心理学の考えに対して偏見のない心を持つことが賢明である。これまで持っていた見解と矛盾するように思える時でさえそうである。今日の状況では教師の意見に一も二もなく反駁する権利はわれわれにはない。このような困難な状況でわれわれは、どうするべきだろうか。われわれの経験では、このようなケースでは、子どもを困難な苦境から救い出すしかない。即ち、転校させるしかない。この処置をとることで誰も傷つく人はない。事実上誰も行われていることを知らない。しかし、重荷は少年の肩から降りる。新しい状況に入ると誰も彼のことを知らない。他の人が自分のことを悪く思わないように、他の人に軽蔑されないように配慮することができる。これがどのように整えられるかは簡単に説明できない。家庭状況は、これと大いに関係がある。おそらくどのケースも少しずつ違った扱いが必要である。しかし、個人心理学に通じたかなり多くの教師がいれば、このような子どもたちを治療することはきわめて容易である。個人心理学はこのようなケースを理解のある目で見、学校の子どもたちを援助することができるからである。

第十四章　親教育

この本は何度か示したように親と教師に向けられたものである。親も教師も等しく子どもの精神生活についての新しい心理学の洞察によって利益を受けることができる。結局のところ、子どもがしかるべき教育を受けさえすれば、子どもの教育と発達が、主に親の指導のもとに行われようと、教師の指導のもとに行われようとあまり重要ではない。もちろん、ここで言及しているのは、課外の教育、即ち、勉強の教科を教えることではなくて、教育のもっとも重要な部分であるパーソナリティを発達させることである。親も教師もこの教青の仕事に貢献することができるとはいえ――親は学校の欠点を矯正し、教師は家庭の欠点を矯正する――、われわれの大きな都市では、また、近代の社会的、経済的な条件のもとでは、責任の大部分は教師にあるというのが本当である。全体として見ると、親は子どもの教育にプロとしての関心がある教師ほどには新しい考えを受け入れない。明日の子どもを準備する個人心理学の希望は、主として学校と教師を変えることにかかっている。もっとも、親の協力は退けられないが。

さて、教師は教育の仕事の中で、親と対立することを避けることはできない。この対立は、矯正するという教師の仕事がある程度親の誤りを前提としているので、いっそう避けることはできない。ある意味で、それは親を非難することであり、親は非常にしばしばそのように感じる。教師はこのような状況で、親をどのように扱えばよいだろうか。

以下に述べることは、この問題に向けられている。もちろん、親を心理学的問題として扱わなければならない教師の視点から書かれている。親がこれを読んでも、気を悪くするとは限らない。そのようなことは、教師が取り組まなければならない賢くない親にだけ当てはまることだからである。

多くの教師は、問題のある子ども自身よりも、その親に接近する方が難しいといってきた。この事実は、ある程度如才なさをもって進んでいくことが必要であるということを示している。教師は、常に、親は子どもが示すすべての悪い性質に責任があるわけではないという仮定に基づいて行為しなければならない。親は結局のところ技術にたけた教育者ではなく、いつも子どもたちを導く伝統を持っているにすぎない。子どもたちのことで学校に呼び出されると、告発された犯罪者のように感じる。このような雰囲気は、内心にある罪の意識を示しているので、教師はもっとも如才のない扱いをする必要がある。それゆえ、教師が、このような場合、親の気分を友好的で自由なものに変え、自分を援助者として差し出し、親のよい意図を信頼することが非常に望ましいことである。

正当な根拠があっても決して親を非難してはいけない。一種の契約を確立し、態度を変え、われわれの方法に従って協力して働くよう親を説得することに成功すれば、ずっと多くのことをなしとげることができるのである。過去の子どもの扱いに欠点があったことを親に指摘しても何の役にも立たない。われわれがしなければならないことは、新しいやり方を採用してもらうように試みることである。これがいけなかった、あれがいけなかったというと、親は怒り、協力しようという気持ちにさせないだけのことである。通常、子どもの悪化は青天の霹靂のように起こるわけではない。いつもそれに先立つ過去の歴史がある。親は何かを見逃してきたと信じて学校にやってくる。われわれがそのように考えていると感じさせてはならない。断言的、あるいは、押しつけがましく親に話しかけてはならない。親への提言は、決して権威的な方法でしてはならない。いつも「おそらく」「たぶん」「このようにされた方がいいでしょう」というのがよいだろう。誤りが正確にどこにあるか、どのように矯正すべきかわかっているとしても、親に強制したいかのように直裁にそれを指摘すべきではない。多くの如才なさがすべての教師にいつも見出されるわけではないし、それが突然獲得されるのでもないことはいうまでもない。同じような考えがベンジャミン・フランクリン[1]の自伝にいわれているのを見ることができるのは興味深い。彼は、次のように書いている。

「クェーカー教徒の友人が親切にも私に教えてくれた。私は一般に高慢であると思われている。そのことはしばしば会話の中に現れ、どんなことを議論する時でも正しいということだけに満足せず、威圧し、かなり不遜である、と。そのことを彼はいくつかの例をあげて私に確信させた。そこで、もしもできるならば、この悪や愚行を何とかして矯正しようと努める決心をした。そして私のリストに『謙虚』を加え、この言葉に広い意味を与えた」

「私は、この徳を〈実際に〉獲得するのに大いに成功したことを誇ることはできない。しかし、そういうふうに〈見える〉ことについては、大いに誇ることができる。私は他の人の感情に直接的に反対すること、私自身の感情を積極的に表明するのはすべて控えることを習慣にした。さらにわれわれのジャントー[2]の古い規則に従って、断固たる意見を伝えるあらゆる言葉や表現を使わないようにした。例えば、『確かに』『疑いもなく』等々である。その代わりに、『思うに』『私の理解するところでは』『これこれであるように想像する』『今は私にはそのように思われる』などを使うことにした。他の人が私には誤りであると思われる何かを主張した時でも、その人にぶしつけに反論したり、直ちにその発言の中にある不条理な点を指摘するという快感を禁じた。そして答える時には、ある場合、あるいは、状況においては、彼の意見が正しいかもしれないが、今の場合は、ある相違があると私には見える、あるいは思われる、等々ということを観察することから始めた。すぐに、私のやり方をこのように変えることの利点がわかった。会話はもっと楽しく進行した。非常に謙虚に私が意見を提案すると、かえって容易に、反論されることなく受け入れられるようになった。私の方が間違っていることがわかっても、そのことを恥ずかしいとは思わなかった。私の方がたまたま正しい時には、彼らに間違った考えを断念し、私に同調するよういっそう容易に説得することができた」

「このやり方を私は自然の傾向に反して無理やり身につけたのだが、ついに非常に容易で習慣的なものになったので、おそらくこの過去五十年というもの誰も私が独断的ないい方をするのを聞いた人はなかった。そして、この習慣のおかげで（私の誠実な性格にもよるが）私は若い頃から既に新しい制度を提案し、古い制度の変更を提案する時には、同胞市民の間で重要視され、また、議員になった時には、公の集会で大きな影響を与えることになった。というのは、私は話すのが下手で雄弁でなく、言葉を選ぶ時に大いに躊躇し、言葉も正しいとはいいがたいものだったが、次第に主張を通すようになったからである」

「実際、おそらく、自尊心ほどわれわれの自然の情熱のうちで抑えることが困難なものはない。何とか可能な限り、それを嫌悪し、打ち負かし、息の根を止め、克服しても、まだ生き残っており、時折、現れ、姿を見せるであろう。おそらく、この自伝の中にも見られることになるだろう。完全に克服したと考えることができたとしても、その時はおそらく私は自分の謙虚を誇ることになるからである」

　これらの言葉が人生のあらゆる状況に当てはまらないというのは本当である。このようなことは期待もされないし、要求もされない。それにもかかわらず、フランクリンの態度は、攻撃的に反対することが、いかに不適当で成功しないかをわれわれに示している。あらゆる状況に当てはまる人生の根本的な法則というものはない。あらゆる規則は、ある程度のところまでは通用するが、突然機能しなくなる。たしかにきつい言葉が唯一の正しい言葉であるという状況がある。しかし、一方で教師、他方で子どものことで既に屈辱を経験し、さらにそれ以上の屈辱を覚悟している親との間の状況を考えると、そしてまた、親の協力がなければ何もできないということを考えると、フランクリンの方法が、子どもを援助するためには採用することができる唯一の論理的な方法であることは明らかである。

一方が正しいということを証明したり、優れていることを示すことが重要でなく、子どもを援助するために歩まなければならない道を準備する必要がある状況においては、当然多くの困難がある。多くの親はどんなものであれ、提案を聞きたいとは思わない。親が驚いたり、憤ったり、いらいらしたり、敵意を持つようになるのは、教師が親と子どもたちをこのような不快な状況に置いたからである。このような親たちは、通常しばらくの間、子どもたちの誤りに目をつぶろうとし、現実を見ようとしない。あらゆることが非常に不愉快である。このような親に無愛想に、あるいは精力的に近づく教師が、親を首尾よく味方に引き入れるあらゆる可能性を失ってしまうということは理解できる。多くの親は、その上、怒りの言葉を次々に発して、自分たちを誰にも近づきがたくすることになる。このような場合、教師は、親の援助に頼るしかないということを親に示すのがいい。静かにしてもらい、友好的な仕方で教師と話すところまで親を持ってくるのがよい。親はしばしば伝統的で古い方法にとりつかれ、そこから自分自身を速やかに自由にすることができないでいることを忘れてはならない。

例えば、父親が、厳しい言葉と気難しい表情で十年もの間、子どもの勇気をくじいてきたとすれば、十年後の今になって、突然、親しそうな表情をしたり、子どもに対して親切に話しかけるということは、父親にとって当然困難なことである。父親が子どもに対する態度の全体を変えると、子どもは最初はこの変化が誠実なものであるとは信じないだろう。子どもは、それを策略であると考え、親の変化した態度に確信を得るまでに時間がかかるだろう。どんなに知的な人でも例外ではない。絶えず批判し、がみがみいって息子をほとんど破滅まで追い込んだ高校の校長の例がある。校長はこのことをわれわれと話す中で認めた。ところが、家に帰ってから、息子に厳しい説教をしたのである。また、息子が怠惰であるという理由で、かんしゃくを起こした。自分が気にいらないことを息子がするたびにかんしゃくを起こし、酷い口のききかたをした。自分が教育者であることを自認する人がこうなのだから、子どもは誤りをすると鞭で罰しないといけないという独断的な考えを持って育ってきた親に関しては想像に難くない。外交技術として知られているあらゆる技巧、教師に思いつくあらゆる技巧的なフレーズを、親と会話する時には使わなければならない。

殴ることをつきものとする子どもの教育の習慣が、貧しい階級に広まっていることを忘れてはいけない。それで、この階級の出身の子どもたちは、教師との矯正相談をした後で家に帰ると、子どもたちには親からの鞭打ちが相も変わらず待ち受けているのである。われわれはわれわれの教育の努力が、あまりにしばしば家庭での賢明ではない親の扱いによって水疱に帰せられることを思い出さなければならない悲しい立場にいる。このような場合、子どもたちは、われわれの考えでは、一度でも十分であるのに、しばしば同じ誤りのゆえに二度罰せられる。

このような二重の罰から時に帰結する恐ろしい結果をわれわれは知っている。悪い成績表を家に持って帰らなければならない子どものケースを取り上げよう。打たれることを怖れ、子どもはそれを親に見せない。そして今度は、学校で罰せられることを怖れて、無断で休むようになる、あるいは、成績表に記入する親の署名を偽造する。これらの事実を見逃してはならないし、軽々しく考えてはならない。いつも子どもを環境にある様々な要素との関係で見なければならない。自問しなければならない。今この先これを続けていけば何が起こるか。そのことは子どもにどんな影響を及ぼすか。子どもに有益な効果をもたらすことについて、どんな確実性を持っているだろうか。子どもは負担を担うところまで到達したか。そして、そのことから何か建設的なことを学ぶことができるであろうか、と。

　子どもたちと大人が困難に対して、どんなに違ったふうに反応するかをわれわれは知っている。再教育する時には、非常に注意しなければならない。そして、子どものライフスタイルを形作ることを試みる前に、結果について合理的に確信していなければならない。いつも熟慮し、客観的な判断力を持って子どもの教育と再教育を行う人は、より大きな確実性を持って自分の努力の結果を予言することができるだろう。実践と勇気は、教育の仕事において必須のものである。環境がどのようであれ、子どもたちが挫折するのを防ぐ方法が常にあるという揺るぎのない信念もまた必須のものである。第一に、どれほど早く始めても早すぎることはないという古いよく知られた法則がある。人間を統一のあるものとして見なし、兆候を統一した全体の部分と見なすことに慣れた人は、兆候をつかまえ、例えば、子どもが宿題をしなかった時には、直ちに子どもの親にそれについて連絡する教師のように、それを杓子定規に取り扱うことに慣れた人よりも、ずっとよく子どもを理解し、援助することができるだろう。

われわれは、子どもたちを教育するための新しい考え、新しい方法、新しい理解をもたらしつつある時代に入っている。科学は使い古された習慣と伝統を廃止しつつある。われわれが得ようとしている知識は、教師により多くの責任を負わせる。しかし、そのことの補償として、教師に子ども時代の問題をずっとよく理解させるようにし、それとともに、教師に委ねられた子どもたちを援助するはるかに多くの能力をも与えてくれる。覚えておかなければならない重要なことは、個々の行動の表れは、全体としてのパーソナリティを離れては意味がないということ、そして、その人の他のこととの関連において調べて初めてそれを理解することができるということである。

付録Ⅰ　個人心理学質問表

問題行動のある子どもの理解と治療のために——国際個人心理学会作成

質問1　いつから問題はありましたか？　どのような状況（心理的なものであれ、他のものであれ）で、最初に子どもの誤りに気づきましたか？

次のことが重要である。環境の変化、学校生活の始まり、きょうだいの誕生、教師や学校が変わったこと、新しい交友関係、子どもの病気、離婚、再婚、親の死。

質問2　精神的あるいは身体的な弱さ、臆病さ、不注意、控え目であること、ぎこちなさ、妬み、嫉妬、食べたり着替えたり、身体を洗う時、あるいは、寝る時に他の人に依存することに関して、何か特別なことに、ごく幼い年齢で気づきましたか？　子どもは一人でいることや、あるいは、暗闇を怖がっていましたか？　自分の性の役割を理解していますか？　第一次、二次、三次性徴がありますか？　異性をどのように見ていますか？　性の役割について、どの程度教えられていますか？　継子ですか？　庶子ですか？　里子ですか？　孤児ですか？　里親はどのように扱いましたか？　今も接触はありますか？　適正な時期に話したり、歩き始めましたか？　その際、困難はなかったですか？　乳歯の生え方は普通でしたか？　読んだり、絵を描いたり、歌ったり、泳いだりすることに顕著な困難はありますか？　父親か、母親か、祖父母、あるいは、乳母に特別な愛着を持っていますか？

環境に対して敵意があるかどうかを決め、劣等感の起源を探すことが必要である。さらに、困難を避ける傾向があるかどうか。利己主義と過敏の傾向を示すかどうか知らなければならない。

質問３　子どもは多くの面倒を引き起こしますか？　何を、そして、誰をもっとも怖れますか？　夜中に泣きますか？　おねしょをしますか？　自分より弱い子どもに対していばりますか？　両親のベッドで寝たいという強い欲求を持っていましたか？　不器用でしたか？　くる病にかかったことはありますか？　髪や服や靴などに虚栄心を示しますか？　爪を噛んだり、鼻をほじくったりしますか？　食べる時にがつがつしていますか？

これらの質問は、多少とも勇気を持って優越性を追求しようとするか、さらに、強情さが、行動に対する衝動を追求することを妨げるかを明らかにする。

質問４　友人を簡単に作りますか？　人や動物に対して寛容さを示しますか？　あるいは、乱暴をしたり、苦痛を与えたりしますか？　何かを収集したり、蓄えたりするのが好きですか？　貪欲や強欲さはどうですか？　他の人を支配しますか？　一人でいることが多いですか？

これらの質問は、子どもの他の人と結びつく能力、どれくらい勇気をくじかれているかということに関連している。

質問5　以上の質問のすべてを考慮して、子どもの現在の立場はどうですか？　学校ではどんなふうにしていますか？　学校が好きですか？　時間に正確ですか？　学校に行く前に興奮しますか？　慌てますか？　本や手提げ鞄や習字帳をなくしますか？　勉強のことで、あるいは、試験の前に興奮しますか？　宿題を忘れますか？　あるいは、宿題をすることを拒否しますか？　時間を無駄に過ごしますか？　怠惰ですか？　集中力に欠けていますか？　クラスの邪魔をしますか？　教師に対して批判的、傲慢、無関心ですか？　宿題のことで他の人に援助してくれるよう頼みますか？　それとも助けが申し出られるまで待っていますか？　体育やスポーツに熱心で野心がありますか？　自分のことを比較的才能がないと考えていますか？　それとも、まったく才能がないと考えていますか？　本をよく読みますか？　どんな種類の本を好みますか？

子どもがどの程度学校の生活にしかるべく準備されているか、学校に行くことの「実験」の結果、困難に対する子どもの態度を理解する助けとなる質問である。

質問6　家庭環境に関する正しい情報、家庭の中の病気、アルコール依存症、犯罪傾向、神経症、虚弱、梅毒、癲癇、生活水準。家庭内の死。それは何歳の時にありましたか？　孤児ですか？　家族の中の支配的な人は誰ですか？　家庭教育は厳格で、不平をいったり、欠点を見つけ出そうとするものですか、それとも、寛容ですか？　家庭の影響は、子どもに人生を怖れさせるようなものですか？　監督についてはどうですか？

家庭の集団の中での子どもの立場と態度から、子どもの受け取る印象について判断することができる。

質問7　家族布置の中での位置に関して、子どもの立場はどのようですか？　第一子、末子、一人っ子、きょうだいの中のただ一人の男の子、きょうだいの中のただ一人の女の子ですか？　競争関係は？　ひどい、悪意のある笑い、他の人を非難する強い傾向はありますか？

この質問は、性格を調べるのに重要であり、他の人に対する子どもの態度を明らかにする。

質問8　子どもは職業の選択について何か考えを持っていますか？　結婚についてはどう考えていますか？　家族の他の成員はどんな職業についていますか？　両親の結婚生活はどうですか？

このことから子どもが、未来に対して、勇気と自信を持っているか結論づけることができる。

質問9　お気に入りの遊び、物語、歴史や小説の中の登場人物は何ですか？　他の子どもたちの遊びを台無しにするのが好きですか？　想像力に富んでいますか？　冷静な思考家ですか？　白日夢に耽りますか？

これらの質問は、人生において英雄の役割を演じることがありうるという傾向に関するものである。子どもの行動においてこれと対照となる行動は、勇気がくじかれるということの兆候と見なすことができる。

質問10　もっとも早期の回想は？　飛ぶこと、落ちること、無力、駅に遅れて着くことについての印象的な、あるいは、何度も見る夢はありますか？　不安な夢はありますか？

この連関で、孤立の傾向、注意深くあれとの警告、野心のある性格、特別の人や田舎の生活を好んでいることをしばしば見出す。

質問11　何に関して、子どもは勇気をくじかれていますか？　自分のことを無視されていると思っていますか？　注意や賞賛にすぐに反応しますか？　迷信的な考えを持っていますか？　困難を避けますか？　いろいろなことを試みるが、すぐにそれを断念しますか？　過去の有害な影響を信じていますか？　自分のまわりにいる人に計画的に勇気をくじかれましたか？　人生観は悲観的ですか？

これらの質問に対する答えは、子どもが自信をなくしたり、今、誤った方向に向かっているということを証明するのに役立つ。

質問12　他にも愚かなところ、悪い習慣、例えば、しかめつらをすること、愚かであるふりをすること、子どもっぽい、おどけている、などがありますか？

このような場合には、注目を引くという目的のために僅かな勇気が示されている。

質問13　言葉に障害がありますか？　醜いですか？　内反足ですか？　内わに足ですか？　内反膝ですか？　背が低いですか？　異常なほど太っていたり、背が高いですか？　プロポーションが悪いですか？　目や耳に生まれつきの異常がありますか？　知能が遅れていますか？　左利きですか？　夜中にいびきをかきますか？　ハンサムですか？

これらは、子どもが通常過大に評価している欠点である。それによって、ずっと勇気をくじかれていることがある。欠陥のある発達は、しばしば、自分で努力しないで、あらゆるものが手に入るはずだという考えにとりつかれた非常に美しい子どもたちの場合にも見られる。このような子どもたちは、人生の準備のための数多くの機会を失っている。

質問14　自分の無能力、学校や仕事、人生に対する「才能の欠如」についてしばしば話しますか？　自殺のことを考えていますか？　失敗とトラブルの間には、時間的な関連がありますか？　外見的な成功を過大に評価していませんか？

ここで、子どもがトラブルを取り除こうと空しい努力をした後に、大抵明らかになる勇気くじきが示されている。子どもの誤りは、一つには努力が実を結ばなかったこと、一つには、子どもと接触する人に理解がないということに起因する。しかし、その子どもの傾向は、何とかしてどこかで満たされなければならない。それで、何か他の、安易な行動の場面、主戦場ではなく「支戦場」を選ぶのである。

質問15　子どもが成功しているものをあげてください。

このような「プラスの成果」は重要な示唆を与えてくれる。子どもの関心、傾向、準備は、これまで歩んできたのとは違った方向を示すことができるからである。

これらの質問に対する答えから（質問は規則的な順序やお決まりの手順のようにたずねてはいけない。建設的に、会話のようにたずねなければならない）個人についての正しい概念が形成される。失敗は正当化されないが、考えられ、理解できるものであることがわかるだろう。明らかにされる誤りは、常に脅かすことなく、忍耐強い友好的な仕方で説明しなければならない。

付録Ⅱ　五つの症例と症例のコメント

症例1

十五歳のこの少年は、適度に安楽な生活をするために一生懸命働いてきた両親の一人っ子である。両親は、少年が身体の健康に必要なものであれば何でも手に入れることができるよう心がけてきた。幼い頃、少年は幸せで健康だった。母親は人はいいのだが、ちょっとしたことで泣き出す。息子についての報告は苦労して、何度も中断して行われた。父親には会っていないが、母親によれば、家族を愛し、大変な自信家の正直で精力的な人だということである。少年が大変幼くていうことを聞かなかった時、父親は「あいつの意志を踏みにじることができないなんて、お断りだ」と考えていた。父親の考える「踏みにじる」とは、あまり教えようとさえせず、何かいけないことをした時は、いつも鞭打つことで範を示すということだった。早くも幼年時代に、少年の反抗は、一家の主になりたいという欲求に表現された。このような欲求は、しばしば甘やかされた一人っ子に見ることができる。早くから従順でないという傾向を顕著に示し、父親に叩かれると感じない限り、従うことを拒否するという習慣を身につけた。

ここで立ち止まって、この子どもの中でどんな顕著な性格特性が必ずや発達するかと問えば「嘘をつくこと」と答えなければならない。少年は父親の罰を与える手から逃れるために、嘘をつくことになるだろう。実際、母親がわれわれのところにやってきた時の主訴はこのことだった。今、少年は十五歳だが、両親には彼が嘘をついているのか、本当のことをいっているのかわからない。もう少し深く探ると、次のようなことがわかった。少年はしばらくの間、教区学校に通っていたが、そこでも教師たちは、少年がいうことを聞かず、クラスをかき乱すと不平をいっていた。例えば、あてられてもいないのに、問題の答えを大きな声でいったり、教師の話を遮るために質問をしたり、授業中に級友に大きな声で話しかけた。宿題は非常に読みにくい字で書いてきた。その上、左利きだった。彼の行為はとうとう度を超え、父親から罰せられることを怖れるとすぐに嘘をつくようになった。最初は、学校に残そうとしたのだが、教師が手に負えないとさじを投げたので、まもなくやめさせなければならなかった。

少年は活発な子どもに見え、知力があることを認めない教師はいなかった。中学校を出ると、高校の入学試験を受けなければならなかった。試験が終わると、彼を待っていた母親に、試験に通った、といった。皆は喜び、その夏は一家をあげて田舎へ出かけた。少年はこの間しばしば高校のことを話した。高校が再開すると、鞄を持って学校に行き、毎日昼食をとりに家に帰ってきた。ところが、ある日、母親が途中まで連れ立って歩き、一緒に通りを横切ると、母親は、男の人が、「今朝、駅に行く道を教えてくれた少年だ」というのを耳にした。母親は少年にその人がいうのはどういう意味なのか、朝学校に行かなかったのか、とたずねた。少年は、学校は十時に終わり、男の人とは駅まで一緒に歩いて行った、と答えた。母親はその説明では納得できず、このことを父親に話した。父親は翌日、息子と一緒に学校に行くことにした。次の日、学校へ行く途中で、父親が何度も問いつめたので、少年が入学試験に失敗したこと、高校には一度も行っていないこと、ずっと通りをうろついていたことがわかった。

　両親は家庭教師を雇い、とうとう高校の試験に合格できたのだが、行動は改まらなかった。依然として、授業を妨害し、その上、ある日、盗みを始めた。母親からお金を少し盗んだ。初めはそのことを頑なに否定していたが、警察にいうと脅されて初めて白状した。今やわれわれの前にいるのは、痛ましいことにまったく無視されることになった少年である。プライドが高くて、少年は小枝のように曲げることができると考えていた父親も、今やこの子はどうにもならないと諦めている。少年は、誰も話しかけるものもなく、まったく注目されることなく放って置かれるという仕方で罰を受けている。両親は、もはや、殴らない、といっている。

「いつから問題はありましたか」という質問に、母親は、「生まれてからずっとです」と答えた。このような答えをされると、われわれは、母親は少年の不適切な行動は、両親が彼を立ち直らせるべくあらゆることをしたのにうまくいかなかったので、生まれつきのものであると思いたいのだ、と仮定する。

「この子どもは、赤ん坊の時、ひどく落ちつきがなくて、昼も夜も泣いていた。でも、どの医者にも、この子どもはまったく普通で健康だ、といわれた」

これは言葉ほどには単純ではない。乳児が泣くという事実には、特に注意するほどのことはない。乳児が泣くのにはたくさんわけがある。ことに、一人っ子で、母親が以前育児の経験がない場合はそうである。このような子どもたちはおむつが濡れていると泣くが、母親はそのことにいつも気がつくわけではない。この少年が泣いた時、母親は何をしたか。赤ん坊を抱きあげ、揺り動かし、飲みものを与えた。母親がしなければならなかったのは、泣いていることの本当の理由を見つけ出し、子どもを気持ちよくし、それ以上は注意を払わないということだったのである。そうすれば、この子どもは過去の汚点を持たなかったであろう。

母親は、子どもが困難なしに通常の年齢で話し、歩き始め、また、歯も正常に発達した、といっている。おもちゃが与えられると、すぐにそれを壊す癖があった。このようなことはよく見られることで、すぐに壊すからといって、性格が悪いということにはならない。次の言葉は注目に値する。「どんなことであれ一つの事柄に少しも打ちこむことができませんでした」。ここで、どのようにして母親は子どもを一人で遊ぶようしつけなければならないかたずねてみなければならない。そうするにはただ一つの方法しかない。子どもは、大人から絶え間なく、邪魔をされることなく、打ちこめるように放っておかれなければならないということである。どうやらこの母親はそうしなかったようで、いくつかの発言が、そのことを示している。例えば、少年がいつも世話を焼かせたとか、いつも母親にしがみついていた、等々という発言である。ここに、この子どもが母親に自分を甘やかすように仕向けた最初の試みがあり、これが魂の巻き物にあるもっとも古い記録である。

「この子は、一人ぼっちでおかれたことが一度もない」

母親が自己を弁護するためにいっているのは明らかである。

「そして、今日まで一時間といえども、一人でいることを好まない。夕方も一人ではなく、夜中でも決して一人だったことはない」

子どもがいかに親密に母親と結びついており、いつも母親に寄りかかることができたかという証拠がここにある。

「決して怖がらなかったし、今も怖れるということを知らない」

この発言は、心理学の常識と矛盾するようである。われわれが見出したことと一致していないからである。しかし、事実をもう少し綿密に吟味すると説明がつく。少年は一度も一人ぼっちで置かれたことがなかった。それゆえ、この子どもは恐れる必要がなかったわけである。このような子どもたちにとって、恐怖は他の人を自分のところにとどめておくことを強いる手段だからである。したがって、恐怖、即ち、一人ぼっちにされたらすぐに表したであろう感情が存在する余地はまったくなかったのである。

「この子は父親の鞭を大変怖れている」

それほど怖れていたのだろうか。

「鞭打ちが終わると、時にはひどく叩かれても、すぐにそのことを忘れ、もとのように快活になった」

ここに不幸な対照を見ることができる。即ち、母親は、子どものいいなりになり、他方、父親は、厳格で母親が軟弱であるのを矯正しようと思っているのである。そこで、父親が厳しいので、子どもは、ますます母親の方へと駆り立てられることになる。即ち、少年は甘やかす人、あらゆるものをやすやすと安直に得ることができる人の方へと引かれていく。

六歳の時、教区学校で、牧師たちの監督下に置かれていた。当時から、この子どもが活発であること、落ちつきがないこと、不注意であることについての苦情が出てきた。行動についての苦情は、学業についてよりもずっと頻繁だった。もっとも目立っていたのは、落ち着きがないということだった。子どもが注目を引きたいと思う時、落ち着きがないということ以上に効果的な方法はあるだろうか。この子どもは注目を引きたいのである。母親の注目を引くことを習慣としていた。そして、今や、もっと大がかりに、学校という大きな集団の新しい成員の注目を得たい、と思う。教師はこの子どもの目的を理解できないので、子どもの行動を叱ったり、罰するために引っ張り出すことで矯正しようとするのだが、まさにこれは子どもの思う壺なのである。注目を得るためには、大きな代価を支払わなければならないが、そのことには慣れてしまっている。家で十分殴られている。それでいて、一向に変わらない。学校で許されている生やさしい方法の罰で、古い道から引き離されると期待してもいいだろうか。そのようなことはありそうにもない。学校に行くことに同意した時、代償として、注目の中心にいることを望んだのだった。

　両親は、授業中は皆が静かにしていることがクラスのためになる、と指摘して、少年の行動を改善しようとした。このような古めかしい訓戒を聞くと、親の常識を疑いたくなる。少年も大人と同じように何がよくて、何がいけないかは知っていた。しかし、まったく別の問題で忙しいのである。即ち、注目を得たいのだが、学校で静かにしていては注目されず、一生懸命勉強しても容易に注目を得ることはできない。少年が自分に課した課題に気がつけば、すぐに行動には何ら謎めいたところがないのがわかる。きっと、この子どもは父親が鞭を持ってやってくると、しばらくの間は静かになる。しかし、母親によれば、父親が立ち去るとまたすぐにもと通りになる。鞭打ちや罰は自分の進歩をしばらくの間妨げ中断させるが、決して永遠に変化させる効果をもたらさないものと見ているのである。

「しかし、この子どもの激しい気性は押さえつけられると、いつも出てきた」

　注目を引きたいと思う子どもたちは、激しい気性によってそうしなければならない。通常、気性と呼ばれているものは、便利なリズムであり、そのリズムの中で人は仕事を果たすものであり、また、目標によって決定される運動の形式でもある。例えば、ソファーの上に静かに横たわりたい時は、このような気性を発達させなくてよい。この気性は、人が心の内に持っているもの——今の場合、自分を目立たせること——の疑わしい指標となる。

「あらゆるものを持ち出して学校へ持っていく習慣を身につけた。学校でそれをお金に換え、その収入で友だちをもてなしていた。親がこのことを見つけたので、学校に出かける前に毎朝調べることになった。とうとうこの行為をやめたが、今度は、ひょうきん者になって、授業の妨害をするようになった。このような変化が起こったのは、ただ父親が厳しく罰したからである」

　ひょうきん者になったのは理解できる。他の人の注目を引き、教師に罰せさせ、自分を学校の規則を超えたものにしたいという欲求によるものだったのである。

「騒ぎを起こそうとこのように企てることは、次第に少なくなったが、定期的にひどい逆戻りをした。そして、ついには学校から追い出された」

　これはわれわれが先にいったことを確証している。この少年は、他の人から認められようと努力しているが、当然障害に出会い、そのことに気がつくようになる。その上、左利きであったことを考慮すると、少年の心をさらに深く洞察することができる。困難を避けたいと思っていたにもかかわらず、困難に遭ってしまう。しかし、それに対抗する自信は持っていなかったのである。しかし、自分のうちにある自信が少なければ少ないほど、いっそう、自分が注目に値することを証明したいと思うようになった。学校が少年の行動にもはや我慢がならず、退学処分にするまで、いたずらをやめようとはしなかった。学校が他の生徒の勉強を邪魔する一人の罪人を許すわけにいかないというもっともな立場を取るならば、その罪人を追放する以外にはない。しかし、教育の目的が欠点を矯正することであると考えるならば、追放は正しい方法とはいえない。退学になったので、少年は母親からの注目を得ることがより容易になった。それで、もはや、学校で努力しなくてもいいことになったのである。

ここで、少年が一人の教師の忠告に従って、休暇の間、家に帰されていたということに注意しなければならない。家では学校よりももっと厳格な監督下に置かれ、この実験も失敗に終わった。しかし、両親は依然として主な監督者だった。子どもは日曜ごとに家に帰った。しかし、家に帰ることを許されなくても、ふくれたりはしなかった。これは理解できる。偉大な人間のようにふるまいたかったのであり、そのように他の人に見てほしかったのである。鞭を打たれても騒ぎもせず、泣こうともせず、物事がどれほど気に食わなくても、男らしくないやり方でふるまうようなことは決してなかった。

「学校の成績は、決して非常に悪いというわけではなかった。家ではいつも家庭教師について勉強していた」

このことから、この子どもが自立していなかったと結論づけることができる。教師は、この子どもはもう少し静かにしさえすれば、ずっとよく学ぶことができる、と両親に話した。われわれも、少年が学ぶことができることを確信している。

「絵の才能はなかった」

これは重要なことである。なぜなら、この言明から、少年が右手の不器用さをすっかり克服できていないと仮定してもいいからである。

「体操は得意で、すぐに泳ぐようになり、危険を怖れなかった」

これは、この子どもがまったく勇気をくじかれているのではないということを示している。しかし、彼は勇気を重要ではないこと、即ち、やすやすとでき、必ず成功することのために使ってきたことを示している。

「はにかむことを知らない。そして、用務員であれ、校長であれ、何度もでしゃばることのないよう訓告を受けているにもかかわらず、自分の思うところを話してしまう」

これをするな、あれをするなと禁止されても、まったく意に介さないということをわれわれは既に知っている。それゆえ、はにかまないからといって、勇気があると認めるわけにはいかない。多くの子どもたちは、自分たちと学校の教職員を隔てる距離によく気づいている。父親に鞭打たれることを怖れないこの少年は、当然、校長を怖れるはずはなく、自分を重要なものにするために、図々しく話しかけ、このようにして、実際この目標を達成しているのである。

「自分の性について確かな考えを持っていないが、しばしば女の子になりたくない、といっている」

自分の性に関する意見について確かな指標はないが、このようないたずら好きな子どもに少女をけなす傾向がある。自分自身の優越感を、少女をけなすことによって引き出しているのである。

「本当の友人がいない」

これは理解できる。他の子どもたちは彼にリーダーの役割を与えるのをいつも好まないからである。

「両親は彼にまだ性のことについて説明していない。彼の行動は、いつも、支配したいという欲求の表れである」

少年は、われわれが非常に努力して得なければならない事実を自分では知っている。即ち、何がほしいかを知っているのである。しかし、無意識の目標と行動との間の連関を知らないのは疑いない。支配したいという欲求の程度と起源を理解していない。彼が支配したいのは、父親が支配しているのを見ているからであり、支配したいと望めば望むほど、他の人に依存しなければならないので、実際にはそれだけ弱いのである。彼がモデルに選んだ父親は自立した仕方で支配している。いい換えれば、この子どもの野心は、自分の弱点に育まれているのである。

「いつも何かを始めたいと思う。自分よりも強い人と一緒でも」

しかし、このより強い人たちは、自分たちの義務を真剣に負うので、かえってより弱いのである。少年は、傍若無人でいられる時にだけ自分を信頼する。ついでながら、少年に傍若無人であることをやめさせるのは容易ではない。どんなことであれ、何かを学ぶという自分の能力を少しも信じておらず、それゆえ、この傍若無人さの後ろに隠れるしかないからである。

「利己的ではなく、気前がよい」

これをこの子どもの善良さの兆候と仮定すれば、それ以外の性格との連関を見て取ることは困難なことになるだろう。われわれは、寛大であることで優越性を示すことができるのを知っている。この特性がどのように権力欲と調和するかを知ることは大切なことである。この寛大さを少年は自分を高めることであると感じている。おそらく、寛大であることで自分を見せることを父親から学んだのであろう。

「まだ多くのトラブルを起こす。誰よりもまず父親を怖れ、ついで母親を怖れている。いつでもすぐ起きることができ、特に虚栄心が強いというわけではない」

この最後のものは外面的な虚栄心のことをいっている。他方、内面的な虚栄心は並外れて大きい。

「鼻をほじくるという昔からの癖をやめた。頑固な子どもで、食べ物のことにうるさく、野菜や肉が好きでない。まったく人づきあいが悪いというわけではないが、一緒にどんなことでもできる子どもたちを好み、動物と植物が大変好きである」

動物が好きなのは、その背景として、優越性の追求、支配欲がある。このような好みは、地上のあらゆるものと結びつかせようとするので、たしかに非難されるものではない。しかし、今問題とされているような子どもたちの場合は、支配欲を表し、母親にさらに面倒を焼かせることになる多くのことを与える傾向が常にある。

「リーダーシップを取ること――知的な意味でのリーダーシップでは当然ないのだが――を強く願っていることを示していた。ものを収集する傾向を発達させたが、十分な忍耐心を持ち合わせていなかったので、収集が完成したことはなかった」

このような人の悲劇は、何もかも中途半端で放り出すということにある。最終的な結果に伴う責任を怖れるからである。

「概して、この子どもの行動は、十歳の頃からよくなった。以前は家にいさせることは不可能だった。いつも、通りで英雄を演じたかったからである。この子どもがよくなるには、大変な努力をしなければならなかった」

この子どもを家の狭いところに閉じ込めておくことは、事実上、自己主張の強い欲求を満たす最善の手段であることが明らかになった。この狭いところでよけいにいたずらをするのは少しも不思議ではない。適当な監督の下で往来に出しておかれるべきだったのである。

「家に帰ると宿題に取りかかり、家から外へ出る欲求を少しも表さず、時間を無駄に過ごす方法を発見する」

いつも監督のもとで動かなければならないような狭い場所に子どもを閉じ込めると、いつも騒ぎ、時間を無駄にすることになるだろう。活動の機会、つまり、仲間うちで役割を演じることができるように、他の子どもたちと一緒になる機会を与えなければならない。

「学校には喜んで行っていた」

これは教師が厳格ではなかったことを示唆している。それで、英雄の役割を容易に演じることができたのである。

「教科書をどれもこれもなくしてしまった。試験を怖がることはなく、いつも何でも見事にやってのけることができると信じていた」

ここでよくある性格特性を見つけることができる。ある人があらゆる状況で楽天的であるという事実は、自信を持っていないことを示している。このような人は間違いなく悲観主義者であるが、何とか論理を歪め、何でも手に入れることができる夢の世界に逃避する。敗北に直面しても驚いたふうには見えない。すべてのことはあらかじめ決まっているのだと感じており、それで楽天家であるかのように自分を見せることができるのである。

「集中力を欠いている。この子どもを好きな先生もいれば、ひどく嫌う先生もいる」

いつもこの子どもは、この子どものふるまいを喜ぶ優しい教師に愛されるように見える。教師を困らせることもあまりない。難しい課題が与えられないからである。甘やかされた多くの子どもがそうであるように、集中するという傾向も習慣も持っていない。六歳まで、その必要を感じなかった。母親が何でも世話をしたからである。人生のすべては、少年が籠の中に閉じ込められているかのように、前もって準備が整えられていた。困難に直面するとすぐに、少年が準備ができていないことがわかった。困難に直面する手段を持っておらず、他の人と協力することができるための他の人への関心をまったく持っていなかった。また、何かを独力でなしとげようという欲求も、そのために必要な自信も持っていなかった。彼が持っていたのは、優越性の追求——何の努力もしないで、前線に立とうという欲求だけだった。しかし、学校の平和をかき乱すことには成功しなかった。注目を得ることができず、このことが彼の性格をいっそう悪いものにした。

いつも何でも簡単に手に入れ、他の人のことを無視して、もっとも安易な方法で手に入れたいと思った。これが少年の人生の主要なモチーフになり、盗みとか嘘をつくというあらゆる特殊な行動に表れた。

少年のライフスタイルの根底にある誤りは明白である。たしかに母親は、共同体感覚を発達させるための刺激を与えた。しかし、母親も厳格な父親も、この共同体感覚をさらに進んで発達させることに成功しなかった。彼の共同体感覚は、母親の世界に限られていた。母親がいるところでは、自分が注目の中心であると感じたのである。

そこで少年の優越性の追求は、もはや人生の有用な面には向けられず、自分自身の虚栄心に向けられることになった。少年を人生の有用な面に連れ戻すためには、性格の形成を一からやり直さなければならない。自信を持たなければならない。そうすれば、われわれのいうことに喜んで耳を傾けるだろう。同時に、彼の共同体感覚の領域を広げなければならない。そのようにして、母親が一人っ子についてし損なったことを改善しなければならない。父親とも和解しなければならないだろう。彼の教育は、われわれが理解したのと同じやり方で、自分の過去のライフスタイルの誤りを理解できるようになるまで、一歩一歩進めなければならない。関心が一人だけに集中しなくなれば、自立心と勇気が出てきて、優越性の追求を人生の有用な面へと向けることになるだろう。

症例2

十歳の男の子のケース。

「学校の苦情は、成績がよくなく、三学期分遅れているというものである」

十歳で三学期分遅れているというのであれば、精神発達遅滞の疑いがある。

「今は、三年のBにいる。知能指数は一〇一である」

そうすると精神発達遅滞ではないわけである。この子どもが遅れていることの原因としてはどんなことが考えられるだろうか。なぜ、クラスの妨害をするのだろうか。この子どもが努力していること、活動しようとする意欲を認めることはできる。しかし、それも有用でない面でのことである。創造的、積極的であり、注目の中心に立ちたいと願っているが、方法が適切ではない。学校で闘っているのもわかる。この子どもは、闘う人、学校にとっての敵であり、それゆえ、彼がなぜ遅れているか、学校の日課がこのような闘う人にとってなぜ非常に耐えがたいか理解できる。

「命令にはいやいや従う」

これは明白なことである。彼のふるまいは考えがあってのことである。常軌を逸した言動に見えても、方法がある。闘う人であれば、命令に反抗しなければならない。

「他の子どもたちと喧嘩をする。学校におもちゃを持っていく」

自分の学校を作りたいのである。

「暗算が不得意である」

このことは、共同体感覚とそれに伴う社会論理を欠いていることを意味している。

「言語障害があり、週に一度、言葉の教室に通っている」

この障害は器官的な不完全によるものではない。むしろ、共同体感覚を欠いていることの兆候であり、そのことが言葉の障害に現れているのである。言葉は、協力――人は自分を他の人に結びつけなければならない――の姿勢である。現状では、少年はこの言葉の障害を闘いのための道具として使っている。したがって、これを治そうとしていないとしても驚くには足らない。治療すれば、注目を引くための道具を放棄することになるからである。

「教師が話しかけると、身体を左右に動かす」

攻撃の準備をしているかのようである。教師に話しかけられるのを好まない。自分が注目の中心ではないからである。即ち、教師が話しかけ、彼がそれに耳を傾けなければならないとすれば、教師が征服者なのである。

「母親（正確にいえば、母親は彼が幼い頃に死んだので、継母なのだが）は、彼が神経質であるともっぱらこぼしている」

この神経質という神秘的な考えの背後には、たくさんの扉が隠されている。

「二人の祖母に育てられた」

一人の祖母は十分ひどい人だった。われわれは、祖母は通常子どもをひどく甘やかすのを知っている。なぜなのか考えてみることは価値がある。これはわれわれの文明の欠陥である。老人のための居場所がない。老人はこのような扱いに反抗し、しかるべく扱われることを望む。この点においては、正当である。祖母は自分の存在の重要性を証明したいのであり、子どもを甘やかし、自分に執着するようにさせることで証明しようとするのである。このようなやり方で、人格として認められるべき自分の権利を主張する。

祖母が二人いるということを聞けば、恐るべき競争が行われていると理解してよい。一方が、子どもたちは自分のことをもう一人よりも好きであるということを証明したいと思うだろう。当然のことながら、子どもに好かれることをめぐってこのような競争があれば、子どもは天国にいるようなもので、何でもほしいものを手に入れることができる。こういいさえすればいいのである。「もう一人のおばあちゃんがこれをくれたよ」と。そうすれば、そういわれた祖母は、ライバルを負かそうとするだろう。家庭ではこの子どもは注目の中心である。それゆえ、どのようにしてこの注目を自分の目標にするのか理解できる。しかし、今この子どもは学校にきているのだが、学校には二人の祖母はいない。一人の先生と多くの子どもたちがいるだけである。学校で注目の中心でいることのできる唯一の方法は闘うことである。

「祖母たちと一緒に暮らしていた間、学校でよい成績を取ることができなかった」

学校は彼にとってふさわしい場所ではなかった。学校に対する準備ができていなかった。学校は彼の協力する能力の試験だったが、そのための訓練を受けてなかったのである。この協力の能力をもっとも発達させることができるのは母親である。

「父親は一年半前に再婚した。それでこの子どもは父親と継母と一緒に暮らしている」

もちろん、困難な状況があるのがわかる。継母か継父が環境に入ってくると、トラブルが始まったり、増すことになる。継母、継父の問題は古くからあるもので、未だに改善されていない。とりわけ、子どもが苦しむ。継母はどんないい人であっても、トラブルを起こすのが常である。継母、継父の問題が解決できないというわけではない。しかし、それを解決できるのは、ある方法によってだけである。継母と継父は、認められることを権利として期待してはならないが、認められるように最善を尽くすべきである。事態を面倒にする二人の祖母がいれば、継母と子どもの関係はいよいよ難しいものになる。

「継母は最初家にきた時に、やさしくあろうとした。子どもを自分の方に向かわせるためであれば、あらゆることをした。兄も問題だった」

家族の中にもう一人闘う人がいるのである。二人の兄弟間の恐るべき競争関係を考えれば、これが一般的な闘争心を助長するだけであることがわかる。

「この子どもは父親を怖れて従っているが、母親には従わない。それゆえ、母親はこの子どものことを父親にいいつける」

実は、母親は、子どもを教育できず、それゆえ子どもの教育を父親に委ねているということを告白しているようなものである。母親が父親に子どもがしたことやしなかったことを報告し、「子どもたちにお父さんにいいつけますからね」といって脅かしたりすると、子どもたちは、自分たちは母親の手に余り、その仕事を放棄したのだと理解する。そこで、子どもたちは母親を支配する機会を覗う。母親がこのような仕方で、話したり、行動することは、自分の劣等コンプレックスを表明することなのである。

「母親は、この子が行儀よくすると約束すれば、どこかに連れて行ったり、何かを買ってやった」

母親が置かれている状況は困難なものである。なぜだろうか。子どもたちが祖母の方が大切だと思えば、祖母が母親の影を薄くするからである。

「祖母はごくたまにしかこの子どもに会わない」

数時間だけやってくる人が、子どもたちにおせっかいをし、あらゆる面倒を母親に残すのは簡単なことである。

「子どもを本当に愛する人は家族には誰もいないようである」

もはや誰もこの子どものことを好きではないように見える。甘やかしてこの子どもをだめにしてからは、祖母も今はこの子どもが嫌いである。

「父親はこの子どもを殴る」

しかし、殴っても何の役にも立たない。ほめられるのは好きで、ほめられれば、いつもすっかり満足する。しかし、正しくふるまうことで賞賛を得る方法を知らない。教師からは、賞賛を得ようとするが、賞賛に値することをしようとはしない。

「ほめられればよく働く」

もちろん、これは注目の中心でいたいと思うすべての子どもについていえる。

「教師は、この子どもが無愛想なので好きではない」

闘う人なので、これが彼が使える最上の手段である。

「この子どもはおねしょをする」

これも注目の中心でありたいという欲求の表れである。直接的な方法でなく間接的な方法で闘っているのである。このような子どもは、どのようにすれば間接的な方法で、母親と闘うことができるだろうか。ベッドを濡らし、夜中に母親を起こすこと、夜中に叫び声を上げること、寝ないでベッドの中で本を読むこと、朝起きないこと、悪い食習慣によってである。要は、この子どもは母親を昼も夜も自分だけのものにするいくつかの方法を持っている。おねしょと言葉の障害という二つの武器を使って、環境と闘っているのである。

「母親は、夜何度も起こしてこの習慣をやめさせようとした」

それゆえ、母親は夜中に何度もこの子どもと一緒になる。そこで、このようにしてまで、自分の目標を達成しているわけである。

「子どもたちはこの少年のことを好きではない。支配しようとするからである。数人の弱い子どもたちだけが、彼の真似をしようとする」

この子どもは弱く勇気をくじかれているので、勇気のあるやり方で進んでいきたいとは思わない。学校の弱い子どもたちが彼の真似をするのを好むのは、これが弱い子どもたちが注目を得るための正しい方法だからである。

「他方、まったく嫌われているというわけではない。他の子どもたちは彼の成績が一番になると、いつもこの子どもがよくなったと思って喜ぶ」

子どもたちは彼がよくなると喜ぶ。このことは教師のやり方が非常によいことも示している。教師は、子どもたちに協力の精神を宿らせる方法を本当に理解しているわけである。
「少年は、他の子どもたちと往来でボール遊びをするのが好きである」

必ず成功し征服できるとわかっている時は、他の子どもたちと関わる。

このケースについては、母親と議論し、母親が子どもと祖母との関係で非常に困難な状況にあることを説明した。また、兄のことを嫉妬しており、いつも自分が取り残されるのではないかと怖れていることも説明した。面接の間、この相談所ではわれわれは皆彼の友人だといったのだが、少年は一言も話さなかった。この子どもにとって話すことは、協力を意味するのであろう。闘いたいと思っているので、話すことを控えている。言葉の障害について、子どもが何もしたがらないということに表されるのと同じ共同体感覚の欠如を見ることができる。

驚くべきことに、大人でさえしばしばこのようなやり方でふるまう。即ち、話さないことで闘っているのである。以前、ひどい喧嘩をする夫婦がいた。夫は非常に大きな声で叫び、妻にこういった。「ほら、もう何も話せないではないか」。「話せないのではない。ただ話してないだけよ」

この少年の場合も「ただ話してないだけ」なのである。面接が終わり、もう行ってもよいといったのだが、立ち去りたくないようだった。反抗していたのである。話は終わったといっても、まだ立ち去らなかった。来週父親と一緒にもう一度くるようにといった。

やがて、私は彼にこういった。「君はいつも反対のことをするのだから、話さないのは当然だったね。話せといわれれば黙り、学校で黙っていなければならない時は、おしゃべりをして授業の妨害をするのだね。こんなふうにすれば英雄になれると思っているのだ。もしも私が決して『話してはいけない』といえば、君は話すだろうね。私はただ君を誘導して、答えてほしいことの反対をたずねさえすればいいのだ」と。

　質問に答えざるをえなくなったので、話す気になったのは明らかである。このようにして、話と言葉によって協力することができたのである。後に、私は彼に状況を説明することができ、自分の誤りを納得することができた。こうして、次第によくなっていった。

　この連関で、次のことを心に留めておかなければならない。即ち、このような子どもは、古い慣れた状況にいる限り、変わろうという気にはならないということである。母親、父親、祖父母、教師たち、友人たちは皆、子どもの慣れたライフスタイルにはまっている。この子どもの態度は、彼〔女〕らとの関係において固定しているわけである。しかし、相談所にやってくると、彼〔女〕らが直面するのはまったく新しい状況である。この新しい状況をできるだけ新しいものにしようとしなければならない。そうすれば、子どもが訓練されている古い状況に属している性格特性をもっと明らかにするであろう。このような場合、「決して話してはいけないよ」というのは名案である。そうすると、この子どもは「でも僕は話します」というだろう。直接的なやり方で、この子どもと会話を交わした者は誰もいなかったし、彼の抑圧は策を使って出し抜かれたことはなかったのである。

　相談所では、子どもたちはたくさんの聴衆の前に立つことになる。このことが、子どもたちに強い感銘を与える。それは新しい状況であり、自分が自分自身の小さな環境と結びついているだけではなくて、他の人も自分に関心を持っており、そのようにして自分がより大きな全体の一部であるという印象を与える。このようなことのすべてから、子どもたちは、これまでよりも全体の一部でありたいと思うようになる。特に、もう一度くるようにといわれたら、なおさらそうである。子どもたちは何が起こるか質問され、どんな様子かたずねられることを知っている。問題の性質によって、一週間に一度くる子どももあれば、毎日くる子どももいる。そして、教師に対するふるまい方を訓練される。子どもたちは、責められたり、非難されたり、あるいは、批判されたりしないことは知っている。しかし、すべてはあたかも窓を開けっぱなしにしているかのように判断されることを知っている。このことは人に強い印象を与える。夫婦が喧嘩をしている時に、もしも誰かが窓を開けると、喧嘩はやみ、まったく違う状況になる。窓が開き、人に聞かれることになれば、誤った性格特性を表現したがらないものである。これは既に一歩前進であり、このことが子どもたちが相談所にやってくる時にも起こるのである。

症例3

十三歳の第一子のケース。

「十一歳の時、一四〇の知能指数があった」

それゆえ、この子どもは賢いといえる。

「高校の二学期になってから、ほとんど進歩していない」

子どもが自分は賢いと信じていれば、何でも努力しなくても手に入れることができると期待することがしばしばある。その結果、このような子どもたちの進歩が止まってしまうということもしばしばある。例えば、思春期にこのような子どもたちは、自分が実際よりもずっと成長していると感じ、もう子どもではないと証明したがる。しかし、自分自身を表現しようとすればするほど、実際の生活の困難にますます遭遇することになる。そこで、自分はそれまで賢いと思っていたほど本当に賢いのか疑い始める。子どもに賢いとか、知能指数が一四〇であるというようなことをいうのは賢明ではない。子どもたちは知能指数を知ってはならないし、親も知ってはならない。このようなことのすべてが、後になって、なぜこのような賢い子どもが失敗するかということの説明になる。これは危険をはらんだ状況である。野心があるが適切な方法では成功する確信が持てない子どもは、成功するために不適切な道を探すであろう。この不適切な道とは、神経症になること、自殺、犯罪、怠惰、時間を浪費することなどである。有用でない仕方で成功するために子どもたちが使ういい訳はいくらでもある。

「好きな科目は理科である。自分よりも年下の子どもと交際する」

子どもたちが、年下の少年と行動を共にするのは、事が安易に運び、優越し、リーダーになることを目的としている。子どもたちが年下の子どもたちと交際することを好み、いつもそうだとは限らないが、時に父親のような態度を取れば、そのことは疑わしい兆候である。しかし、いつもある弱さが結びついている。なぜなら、父性本能の表現は、年長の子どもたちと遊ぶことを排除することを含んでいるからである。このような排除は意識的に行われる。

「フットボールと野球が好きである」

それゆえ、この子どもはこれらの競技に非常に秀でていると仮定することができる。おそらく、この子どもは、ある種の方面では非常に優れているが、ある事柄には関心さえないということが以下の報告の中でいわれるであろう。成功することが確実なところでは積極的であり、そうでないところでは関与することを避けるということを意味しているのである。もちろん、このように行動することは正しいとはいえない。

「カード遊びをする」

時間を浪費することを意味している。

「このことが早く寝るとか、宿題を適当な時間にするという毎日の習慣に注意を向けさせないように思える」

今や、本当の苦情に近づくことになる。しかもこれらは、皆同じ点に集中している。勉強が進歩せず、それゆえ、ただ時間を浪費するのである。

「乳児の時、成長はゆっくりしていた。しかし二年後、急速に成長し始めた」

この二年の間に、この子どもの成長がゆっくりしたものであったことがなぜなのかはわからない。おそらく甘やかされていたのであり、今、われわれの前にいるこの子どもは、甘やかされた子ども時代の結果なのである。成長がゆっくりだったのは、この甘やかしによるものだったのかもしれない。話したがらなかったり、支えられるのが好きなので、動いたり活動しようとしたがらない甘やかされた子どもたちを見ることがある。そのようであれば、成長への刺激を受けない。しかし、急速に成長したのであれば、成長への刺激があったということが唯一の説明となる。おそらく、彼を賢く、知的な子どもにした何らかの強い刺激があったのであろう。

「顕著な特徴は正直さと頑固であることである」

正直であるというだけでは十分ではない。それは非常によいことであり、実際のところ長所である。しかし、この正直さを他の人を批判するために使っていないかはわからないのである。そのようなことが、この子どもが自慢する手段であるのはもっともなことである。この子どもがリードし、他の人を支配するのを好むことをわれわれは知っている。正直さは、優越性追求の表現となりうるわけである。しかし、少年が不利な状況にあって、正直であり続けることができるかどうかは確かではない。頑固さについていえば、この子どもは本当に独立独歩で進みたいと思い、他の人とは違っていることを好み、他の人にリードされたくないと思っている。

「弟をいじめる」

この言明でわれわれの判断は確認される。リーダーになりたいのである。それなのに、弟がいうことを聞かないのでいじめるわけである。これはあまり正直だとはいえない。実際にこの子どもを知れば、ちょっとした嘘つきであることがわかるであろう。ほら吹きであり、この子どもが優越感を持っていることは明らかである。ここで表現されているのは、まさに優越コンプレックスであるが、この優越コンプレックスは、根本のところでは、この子どもが劣等感に苦しんでいることを明らかに示している。他の人に過大評価されるので、自分のことを過小評価する。そして、この自分についての過小評価を、自慢することで補償しなければならないのである。

子どもをあまりにほめるのは賢明ではない。あまりに多くのことが自分に期待されていると思うようになるからである。期待に沿うことが容易ではないことがわかると、子どもは震え出したり、怖れ始める。その結果、自分の弱点が発見されないようにするようになってしまう。それゆえ、弟をいじめたりするのである。これが彼のライフスタイルである。自分は強くないので、人生の諸々の課題を自分の力では適切に解くことができないと感じている。カード遊びに熱中したりするのは、このようなカード遊びをしていると、たとえ学校の成績が悪くても、誰も彼が劣っていることがわからないからである。両親は、成績が悪いのはいつもカード遊びをしているからであるといってしまう。「そうだ、僕はカード遊びが好きだから、成績がよくないのだ。もしもカード遊びさえしなければ、一番になれるであろう。でも、僕はカードで遊ぶんだ」。彼は満足しており、一番に「なれる」という心地よい感情を持っているのである。少年が自分自身の心理の論理を理解しない限り、自分のことを嘆き、劣等感を自分自身にも他の人にも隠すことができる。これができる限り、少年は変わることができないであろう。

それゆえ、非常に親しい態度で、少年の性格の源泉を明らかにし、実際には、彼は力が足りなくて、仕事をなしとげることができないと感じている人のように行動しているということを示さなければならない。自分の弱さの感情、劣等感を隠すためにだけ十分力があると感じている。このことは、既に述べたように、親しい態度で絶えず勇気づけながら行われなければならない。いつもほめ、知能指数が高いということで認めるというようなことをしてはならない。このことをいつも指摘されてきたので、この子どもは、いつもうまくやれないかもしれないと怖れるようになったのである。知能指数は、後の人生ではあまり重要ではないということをわれわれはよく知っている。優れた実験心理学者であれば皆、知能指数は、検査によって明らかにされた現在の状況を示せるだけで、人生は一回の検査でわかるにはあまりに複雑なものであることを知っている。知能指数が高いからといって、子どもが実際に人生のあらゆる課題を解くことができるということを証明するわけではない。

少年の本当の困難は、共同体感覚を欠いていることと劣等感である。このことを少年に説明しなければならない。

症例4

八歳半の男の子のケースである。このケースは子どもがどのようにして甘やかされるかということの例証になる。犯罪者や神経症者は、大抵甘やかされた子どもである。われわれの時代にとって非常に重要な課題は、子どもたちを甘やかせるのをやめることである。これは、子どもたちを好きになるのをやめなければならないということではない。子どもたちに気ままにさせることをやめさせるということである。われわれは子どもたちを友人として、対等な人として扱わなければならない。このケースは、甘やかされた子どもの特徴を明らかにするという意味で有用なものである。

「今の問題は、この子どもは、学校でどの学年も落第し、まだ２Ａのクラスにいるということである」

子どもが、学校に入った最初の数年の間に落第をするのであれば、精神発達遅滞ではないかと疑ってみる必要がある。分析する際に、この可能性を心に留めておかなければならない。他方、初めはうまくいったが、後にスランプに陥る子どもであるというのであれば、精神発達遅滞である可能性は考えなくてもいいだろう。

「赤ん坊のような話し方をする」

甘やかされたいのである。それゆえ、赤ん坊の真似をする。しかし、これは目的や目標を持っているに違いないということを意味する。赤ん坊のようにふるまうことが、自分にとってプラスであると考えているからである。このケースで、合理的で意識的な計画があるということは、この子どもが精神発達遅滞であるという可能性がないということである。学校の勉強が嫌いだったのは、学校に対して準備ができていなかったからである。それで、学校で社会的な線に沿って成長しないで、優越性の追求を環境に反抗し、闘うことで表しているのである。この反抗することの代償は、もちろん、どの学年でも遅れるということだった。

「兄のいうことを聞かず、激しく喧嘩をする」

それゆえ、兄がこの子どもにとって障害物であることがわかる。ここから、兄は成績のよい生徒であるに違いないと仮定することができる。兄と競うことができる唯一の方法は、悪い子どもになるということである。夢の中でも、赤ん坊であれば、兄の先に立てると想像している。

「二十二ヶ月目に歩いた」

おそらく、くる病にかかっていたのだろう。二十二ヶ月まで歩かなかったとすれば、考えられることは、この子どもはいつも見張られ、母親がこの間ずっとつきっきりであったということである。この器官劣等性のために、母親は子どもをいっそう見張り、甘やかすことになったことがわかる。

「話し始めるのは早かった」

今や、この子どもが精神発達遅滞ではないことを確信できる。精神発達遅滞は、話すようになることが困難であることに、紛れもなく現れるものである。

「いつも赤ん坊のような話し方をする。父親はこの子どものことを大変愛している」

父親も甘やかしているわけである。

「この子どもは母親の方が好きである。家には二人の男の子がいる。母親は、兄の方が賢いといっている。二人の男の子はよく喧嘩をする」

これは、家庭における子どもたちの競争のケースである。とりわけ第一子と第二子の間に見られる。しかし、一緒に育つ子どもであれば、どの二人の子どもの間でもしばしばある。この状況の心理は、もう一人子どもが生まれてくると、最初の子どもが退位させられるということであり、既に見たように、このような状況は、子どもたちが協力ということに対してしかるべく準備されている場合にのみ回避することができるのである。

「算数が不得意である」

甘やかされた子どもにとって、学校でのもっとも困難な科目は通常算数である。なぜなら、算数は甘やかされた子どもが持っていないある社会論理を含んでいるからである。

「頭に何か異常があるに違いない」

われわれには発見できない。大変利口にふるまっているからである。

「母親と教師は、この子がマスターベーションをしていると信じている」

おそらくそうだろう。大抵の子どもがマスターベーションをする。

「母親は、この子どもの目の下には隈がある、といっている」

隈があるからといって、マスターベーションをしていると必ずしも結論づけることはできない。

「食べることに大変気難しい」

食事に関することでさえ、いつも母親を独占したいと思っていることがわかる。

「暗闇を怖れる」

暗闇を怖れるということも、甘やかされた子どもの兆候である。

「母親は、子どもには、たくさんの友人がいるといっている」

支配できる友人をたくさん持っているのだと思う。

「音楽に興味がある」

音楽の才能のある人の外耳を観察すると、いろいろと教えられることがある。そのような人の耳はよく発達した曲線を持っているのがわかる。この少年に会った時、私はすばらしく感受性の豊かな耳を持っていることに気づいた。この感受性は、ハーモニーを愛することに表れるかもしれない。感受性のある人は、音楽的な訓練に対して、より大きな能力を持っているかもしれない。

「歌うのが好きだが、耳の病気がある」

　このような人は、騒々しい生活によく耐えることができず、そうでない人よりも、耳の病気にかかる傾向が大きい。聴覚器官の形成は遺伝する。音楽の才能も、耳の病気も世代から世代へと伝えられるのである。この少年は耳の病気にかかっているが、家族の中には、非常に音楽の才能がある人が何人かいる。

　この少年の正しい処置は、もっと自立し、自信を持つようにすることである。今は自信がなく、母親を自分だけのものにし、一人にさせないことが必要だと信じている。いつも母親に支えられることを願っている。そして、母親ももちろん、喜んで面倒をみたいと思っている。今や何でも好きなことをしてもいい自由——誤りをする自由——も持たなければならない。このようにしてだけ、自信というものを学ぶことができるからである。母親の愛情を勝ち取るために、兄と競争しないことを学ぶべきである。今は、どちらの兄弟も、もう一人の方が好かれていると感じている。それゆえ、必要もないのに、もう一人に嫉妬しているのである。

とりわけ必要なことは、学校生活の諸々の課題に直面するだけの勇気を持つようにさせるということである。この子どもが学校を続けなければ何が起こるかよく考えよ。学校と断絶した途端、人生の有用でない面へと逸脱してしまうだろう。ある日、学校をサボるようになるだろう。さらに、すっかり学校をやめてしまい、家からも姿を消し、非行仲間に加わるだろう。治療よりも予防である。後で未成年の非行少年として処置しなければならないよりも、今、学校生活に適合させるようにする方がいい。学校は厳しい試験である。今は、この子どもは社会的な方法で課題を解決する準備ができていない。学校で難儀しているのは、このためである。しかし、少年に新しい勇気を与えるのは学校の課題である。もちろん、学校にはそれ自体の問題がある。おそらく、クラスの生徒数が多すぎ、この子どもが出会ってきた教師たちは、心理学的な勇気づけの準備を十分積んだ人ではないのだろう。ここに状況の悲劇がある。しかし、この少年が彼をしかるべく勇気づけ、励ますことができる教師を一人でも見つけることができれば、救われるだろう。

症例5

十歳の女の子のケース。「算数と書き取りができない」という理由で、学校から児童相談所に差し向けられた。

算数は、通常、甘やかされた子どもにとって困難な教科である。甘やかされた子どもたちは必ず算数が不得意であるというわけではないが、われわれは経験上しばしば見てきている。左利きの子どもたちが、しばしば、書き取りが上手でないということが知られている。このような子どもたちは、右から左に見るように訓練されているからである。読む時にも、右から左へ読む。正しく読み、綴っているのだが、逆にしているのである。そのことをほとんど誰も理解していない。左から右へと読めないだけなのに、正しく読んだり、綴ったりできないといってしまうのである。それで、私はこの子どもが左利きではないかと思うのである。おそらく、書き取りが困難であったのには、別の理由があるのかもしれない。ニューヨークのことであるから、おそらく他の国の出身であり、それゆえ、英語を正しく理解できていないという可能性を考えなければならない。ヨーロッパであれば、このようなことを考慮するには及ばない。

「過去の歴史における重要な点。この家族はドイツで大部分の金を失った」

いつドイツからやってきたかわからない。少女は、おそらく一度は楽しい時代を経験したのであろう。しかし、それが突如として終わりを告げたのだった。これは試験のようなまったく新しい状況である。この新しい状況の中で、協力のためにしかるべく訓練を受けてきたか、そして、社会に適応し、勇気があるかが明らかになるであろう。また、貧しさという重荷を背負うことができるか、いい換えれば、協力できるかどうかも明らかになるであろう。この子どもは、しかるべく協力できないように思われる。

「ドイツでは成績はよかった。ドイツを去ったのは八歳の時だった」

二年前のことである。

「こちらの学校ではうまくやっていくことができなかった。なぜなら、綴りが難しく、算数もドイツのやり方と同じようには教えられなかったからである」

教師はいつもこのような違いに対して、情状酌量するわけではない。

「母親に甘やかされので、母親に非常に愛着している。両親を同じように好きである」

子どもに「お父さん、お母さんではどちらが好き」とたずねると、普通、「どちらも同じくらい好き」という答えが返ってくる。このような質問にはこのように答えるようにと教えられているのである。

この答えが本当かどうかを調べる方法はいくつもある。一つの方法は、子どもを両親の間に立たせることである。そうすると、われわれが両親と話をしている間に、子どもは自分が好きな親の方に動く。同じことは、両親が部屋の中にいて、そこに子どもが入ってくる時にも見ることができる。

この場合も、子どもは自分が好きな方の親の方へ行くであろう。

「同じ歳の女の子の友だちが何人かいる。早期回想。八歳の時、両親と一緒に田舎にきていて、芝生で犬と遊んだものです。またこの頃、馬車を持っていました」

この子どもは、金持ちであったこと、芝生、犬、そして馬車のことを思い出している。それは、かつて金持ちであり、絶えず、車、犬、立派な家、召使たちなどを思い出す人と同じである。この子どもが今の生活に満足していないことが理解できる。

「クリスマスと、サンタクロースが持ってきてくれるものについて夢を見る」

この子どもの夢の生活は、目覚めている時の生活と同じ見方を表している。いつももっと多くのものを持ちたいと思っている。しかし、権利を奪い取られたと感じ、過去に持っていたものを取り戻したいと思っているのである。

「母親に寄りかかる」

これは、この子どもが勇気をくじかれているということ、学校で困っているということの兆候である。状況は、この子どもにとって、他の子どもたちにとってよりも困難なのだが、もっと勉強し、勇気を出すことで学ぶことができる、と子どもに説明した。

相談所にもう一度やってきたが、この時も母親とは一緒ではなかった。

「学校では少しずつよくなってきており、家では何でも一人でしている」

自立し、母親に依存することなく、何でも一人でするように助言したのである。

「父親のために朝食を作った」

これは協力心を発達させているという兆候である。

「この子どもは、前よりも勇気が出てきたと信じている。そして、このカウンセリングの間、以前よりくつろいでいるように思えた」

もう一度帰って、母親を連れてくるはずである。

「母親と一緒にきた。母親が相談所にきたのは初めてのことだった。母親は仕事が忙しく、時間を空けることができなかったのである。この子どもが養子であること、二歳の時に引き取られたこと、自分が養子であることは知らないということを報告した。二歳になるまでに、六つも違う場所で育てられた」

　これは明るい過去とはいえない。この少女は、最初の二年間に大変苦労したように思える。そこで、われわれが扱わなければならないのは、おそらく一度は憎まれ、その後、この女性に愛情のこもった世話を受けるようになった子どもである。子どもは、幼い頃のつらい経験について無意識の印象を持っているので、この好ましい状況に執着したいと思っている。二年の間に、子どもは多くの印象を得る。

「母親が子どもを引き取った時、子どもの家族はよくなかったので、非常に厳しくしないといけないといわれた」

　このような助言をする人は、遺伝の観念に毒されている。母親が厳格であるのに、子どもが問題のある子どもになったとすれば、この人は「ほら、私のいった通りだ」というだろう。しかし、自分に罪があることを知らない。

「実の母親がよくなかったのだと考え、その上、自分の子どもではないので、継母は、少女に対して、それだけ責任を感じる。時には子どもを殴る」

　状況は以前ほどよくない。時には、甘やかしをやめて、その代わりに少女を罰する。

「父親はこの子どもを甘やかし、ほしいものは何でも与える。しかし、何かほしいものがあっても『お願い』とか、もらっても『ありがとう』とはいわない。この子どもは『あなたは私のお母さんではない』という」

子どもが事実を知っているか、もしくは、たまたま的を突いたいい方をするかどちらかである。次のような二十歳の青年を知っている。彼は、母親が実の母親であるとは信じていない。しかし、両親は、そんなことは子どもがわかるはずはないと誓っていう。しかし、このような感情を持っていたことは明らかである。非常に些細なことから、結論を引き出すものである。「子どもは自分が養子であることを知らない」（と親はいう）。しかし、そのことを感じることが、時としてあるのである。

「このようなことを母親にはいうが、父親にはいわない」

父親はこの子どもに何でも与えるので、このような仕方で、攻撃するチャンスを与えないのである。

「母親は新しい学校での変化を理解できなかった。そこで、この子どもが悪い成績を取ると、そのことで叩いていた」

かわいそうにこの子どもは、悪い通知表をもらうと、辱められ、自分が劣っていると感じる。その上、母親に叩かれる。これはひどすぎる。叩かれるか、悪い通知表をもらうかのどちらかであっても、ひどすぎる。これは教師も考えなければならないことである。子どもに悪い成績をつけると、そのことは、家庭でのさらなるトラブルの始まりになるということを考えてみなければならない。賢い教師であれば、悪い通知表をもらえば子どもが母親に叩かれることになるのがわかっていれば、通知表を渡すのを避けるだろう。

「この子どもが、時々、われを忘れ、かっとなるといっている。学校で興奮し、クラスを乱す。いつも一番でなければならないと信じている」

このようなことをこの子どもが欲するのは、この子どもが一人っ子であり、ほしいものは何でも手に入れるよう父親が訓練してきたことから理解できる。一番であるのを好むのも理解できる。われわれは、この子どもが昔田舎に住んでいたことなど、そして、過去の利益を奪われたと感じていることを知っている。今や、この子どもの優越性の追求はずっと強いものである。しかし、それを表現するはけ口がないので、われを忘れ、トラブルを引き起こすわけである。

私は協力することを学ばないといけないと説明した。さらに、この子どもに、興奮するのは注目の的になりたいからであるということ、かっとなるのは皆に自分の方を見てもらおうとする口実にすぎないということを話した。学校で勉強しないのは、成績のことで母親が怒るからであり、そのようにして、この子どもは、母親と闘っているのである。

「サンタクロースがたくさんのものを持ってくる夢を見る。目が覚めると、何もなかった」

ここでもこの子どもはほしいものは何でも手に入れるが、「目が覚めると何もない」という気持ちと感情をいつもかき立てたいと思っている。草むらの中の蛇を見逃してはならない。夢の中でこのような気持ちになり、起きて何もないのがわかると、当然、失望する。しかし、夢がかき立てるのは、目覚めてからの態度と一致した感情だけである。いい換えれば、夢の感情的な目標は、あらゆるものを所有しているというすばらしい感覚ではなくて、失望するという感覚を創り出すことなのである。目標が達成されるまで夢が創り出される。今の場合、失望するのが、夢の目標である。うつ病の人は、すばらしい夢を見るのだが、目が覚めると、物事がまったくそれとは反対であることを見出すことになる。この少女がなぜ失望したいと思っているか理解できる。自分の現在の人生が、暗い色の中にあるように見えるので、母親を責めたいのである。自分は何も持っていないのに、母親は何も与えようとしないと感じている。「母は私を叩く。私にものをくれるのは、父だけである」

　このケースを要約すると、この子どもは母親を責めるために、失望したがっていることがわかる。母親と闘っているのだが、この闘いをやめさせたいのであれば、家庭の行動、夢、学校の行動のすべてが、同じ誤ったパターンから帰結するものであることをこの子どもに納得させることができなければならない。この子どもの誤ったライフスタイルは、主として、アメリカにきてからまだわずかの期間であり、英語にあまりよく慣れていないという事実の結果である。それゆえ、われわれは、これらの困難は簡単に克服することができるが、困難を故意に母親と闘うための道具として用いているということをこの子どもに納得させなければならない。母親の方にも、子どもにも闘うことの口実を与えないために、子どもを叩くのをやめるよう感化しなければならない。この子どもには「私は注意力が散漫で、われを忘れ、かっとするのは母と闘いたいと思っているからだ」ということをわからせなければならない。この子どもは、このことを知れば、不適切な行動をやめることができるだろう。家庭や学校での生活、また、夢の中でのあらゆる経験と印象の意味を知らないうちは、性格を変えることは、当然のことながら、思いもよらないことである。

ここにおいて「心理学」がそもそも何であるかということをわれわれは知ることになる。即ち、「心理学」は、人が自分の印象と経験をどのように使うかを理解することである。あるいはいい換えれば、「心理学」は、子どもがそれに従って行動し、刺激に対して反応する統覚の組織を理解すること、ある刺激をどのように見なすか、それに対してどのように反応するか、そして、それを自分の目的のためにどのように利用するかを理解することを意味するのである。

訳注

第二章

（1）ローマの軍人政治家（前一〇〇〜前四四年）。

（2）伝説上の盗賊の名前。捕らえてきた旅人を自分のベッドに寝かせ、身体がベッドよりも短ければ無理に引き延ばし、長ければ、ベッドからはみ出た部分を切り落として殺したといわれている。

第四章

（1）オーストリアの作家（一八六八〜一九三二年）。

（2）フランスの小説家（一七九九〜一八五〇年）。ここで取り上げられる話は、娘の幸せを壊す、金銭に執着する強欲な父親にまつわる『ユジェニー・グランデ』（一八三三年）にある。

第五章

（1）古代ローマの詩人（前七〇～前一九年）。『アエネイス』はローマ文学の白眉。

第六章

（1）ドイツの心理学者（一八八四～一九五三年）。実験現象学的方法で視覚などを研究し、ゲシュタルト心理学の確立に協力した。

（2）フランスの心理学者、精神科医（一八五七～一九一一年）。

（3）イギリスの画家（一八五六～一九一一年）。

第七章

（1）いずれも旧約聖書に登場する。ヨセフについては、『個人心理学講義』第七章注（1）参照（一七〇頁）。

（2）ドイツの作家（一八一九～一八九八年）。

第十一章

（1）ドイツの心理学者（一八三二～一九二〇年）。

第十二章

（1）ヒックマンは少女誘拐犯。レオポルドとローブは工場主の息子を誘拐殺害した。

（2）イギリスの小説家、ラドクス・ホールの作品。親の期待に反して女性として生まれた子どもは、男性的な体つきをしており、男の子として育てられた。同性愛に苦しむ姿が描かれている。

第十四章

（1）アメリカの政治家、外交官、科学者、発明家（一七〇六～九〇年）。

（2）フランクリンの作ったクラブ。

解説

本書の成立

本書は、Alfred Adler, *The Education of Children*, Gateway Ltd., 1970（Original: 1930）の全訳である。

本書は原文はドイツ語であるが、今日ドイツ語の原文は失われてしまった。Fischer Taschenbuch 社（ドイツの出版社）がアドラー選集を出版することになった時、原文を収めることができなかったので、英語からドイツ語へ翻訳された。その際、英語訳に見られる誤りも訂正された。本書も同じ方針に基づき明らかな誤りは訂正した。

誰に向けられて書かれたのか

本書は、親と教師に向けられたものであるが、教師に寄せるアドラーの信頼は大きい。「教師は子どもたちの心を形作り、人類の未来は教師の手に握られている」とまでいう。他方、アドラーが親に向ける目は厳しい。教師は、家庭における親の誤った教育の結果である子どもを学校で引き受ける。家庭での教育の誤りを教師が補うのであり、親には「再教育」が必要だと考える。しかし、本書を手にする親は知的であり、親を批判する記述を読んでも気を悪くすることはないとアドラーは考えている。

ウィーンの教育改革

第一次世界大戦後のオーストリア＝ハンガリー帝国の敗北は、オーストリアを荒廃させた。荒廃は経済的な面だけに留まらず、道徳にまで及び、犯罪行為が横行した。

アドラーはもともと社会主義に強い関心を持っていたが、やがて、教師に働きかけ、子どもたちを援助する方法を教えることで、多くの子どもに影響を及ぼす教育改革こそが、政治による変革よりも平和的な世界変革に有効な手段を提供すると考えるようになった。

こんな中、一九一九年五月社会民主党がウィーンの実権を握った。以後、約十二年にわたって「赤いウィーン」と呼ばれる革新的な市政が行われた。この改革の一環として、アドラーはウィーンに児童相談所を設け、クラスの生徒への対処について助言を求める教師の相談に応じた。アドラーは子どもに会う前に、教師が用意したケースレポートを解釈し、最後に実際に当の子どもと親のカウンセリングを教師の前でして見せた。その後、再び、ケースについて議論がされた。

カウンセリングが公開で行われたことが批判された。子どもも親も聴衆の前に立つことを怖れ、自分の問題は誰にも理解されないのではないかと抵抗するのではないかというわけである。しかし、多くの聴衆の前に立った子どもたちは強い感銘を受けた。他の人が自分に共感し、自分に関心を持っていることを知ることになるからである。

基本的な考え方

アドラーは、「なぜ」という問いは、心理学者でも答えるのは難しい、といっている。例えば、怠惰な子どもに「あなたは〈なぜ〉そんなに怠惰なの？」とたずねてみても、子どもが適切に答えることは期待できない。アドラーは、この「なぜ」と問う時、「原因」という言葉を使う。しかし、これは「厳密な物理学、科学的な意味での因果律」ではない、と注意している。アドラーは「なぜ」という問いによって、行動の「目的」を問うているのである。

人は優越性という目標を追求して行動する。この優越性の追求と対になるのが劣等感である。いずれも、誰もが持っており、「健康で正常な努力と成長への刺激」（『個人心理学講義』）とされるが、優越性が人生の有用でない面で追求されると、そのような優越性の追求は優越コンプレックスになる。何をもって優越性と見るかは、人によって異なるので、優越性の追求が普遍的な事実であっても、個人的で人生の有用でない面で追求する人もあるわけである。

優越コンプレックスの対であるのが強い劣等感という意味での劣等コンプレックスである。ただし、アドラーはこの言葉を別の意味で使うことがあるが、それについては後述する。

目的論

人はこの目的や目標を自分で決めているのである。原因論に立たないアドラーは、何かの出来事があって、それが原因となって人が問題を起こすというふうには考えない。このように考えれば決定論になってしまい、目下、問題になっていることを改善することはできない。過去の出来事に今の問題の原因を求めれば、過去に戻らない限り、現状を変えることはできないことになる。

そうなると、治療や教育は不可能であることになる。いかなる場合も、子どもに改善の余地がないと考えてはならない。子どもを改善することは可能であり、そのための方法はある。本書に取り上げられるケースでは子どもが注目を引くために問題行動をする。この注目を引くことが目的である。それがわかれば、そのようなことをしなくても注目を得ることができることを教えることができる。あるいは、注目を得ようとする目的そのものを変えることもできる。

劣等コンプレックス

決定論でしかありえない原因論を採る人には目的がある。一見、原因論と目的論は対置されるが、前者は後者に包摂される。例えば、本書ではカード遊びに熱中する子どもたちのことが取り上げられている。彼〔女〕らは、「もしもカード遊びさえしなければ、一番になれるであろう」といえるわけである。

アドラーは劣等コンプレックスを強い劣等感という意味で使うが、「Aだから（あるいはAでないから）Bできない」という論理を日常のコミュニケーションの中で多用することを劣等コンプレックスという。このAとして遺伝、才能、過去の体験、さらに神経症があげられる。

アドラーは「誰でも何でもなしとげることができる」というが、この劣等コンプレックスの論理から脱却すれば、解決できない人生の課題はない。当然、努力は必要だが、課題に取り組む前から逃げてしまうことはない。アドラーは、ウェルギリウスの「できると思うがゆえにできる」という言葉を引く。これは精神主義の類ではない。追いつくことができないという思い込みが、生涯にわたる固定観念になってしまうことに警鐘を鳴らしているのである。

ライフスタイル

この世界、人生、また自分をどう見るか、あるいは、直面する課題をどのように解決するかというパターンを「ライフスタイル」という。性格と通常いわれるものと同じだが、生まれつきのものでも、変えにくいものでもない。ライフスタイルは、自分が決めるものだからである。自分が決め、選んだのであるから、変えようと決心すれば変えることもできる。

もとより、性格形成に影響を与える要因はある。それまでは隠されていたライフスタイルが、例えば、学校に入る際に明らかになる。また、思春期が子どもを変えるのではなく、思春期は、過去に形成された性格を明らかにする「新しい状況」である。

治療と教育の方針

アドラーは、問題行動のある子どもたちのライフスタイルの誤りを明らかにしようとした。ライフスタイルが明らかになれば、必ずしも問題とされた行動をする必要がなかったことがわかる。大人もそのような状況では同じことをしたかもしれない、と子どもに共感することができる。このような共感ができれば、子どもを批判したり責める必要はなくなる。子どもは、自分が受け入れてもらえたという経験をすることになる。このことは子どもの行動を是認することではないが、行動を理解することが先決であり、その後、他の仕方でふるまうことはできなかったかを考えればよい。

親にはどう向かえばいいか。これまでの親の教育を責めても意味はない。親は、子どものライフスタイルのすべてに責任があるわけではない。親は子どもに大きな影響を与えるが、親は巧みな教育者ではない。過去の教育を責めず、まず、親の信頼を勝ち取らなければならない。子どもの治療に親の協力は不可欠だからである。

自己への執着

ライフスタイルの誤りは自己中心的であることに表れる。親は子どもたちを競争へと駆り立てるが、競争する子どもは自分のことにしか関心を持てない。アドラーは「自己への執着」こそ問題だと考える。外界を困難で他者を敵と見なしている子どもも同じである。

しかし、他者を「仲間」であると思えるからこそ、他者に関心を持ち貢献することができる。共同体感覚の本来の意味は、何よりも他者への関心、対人関係についての関心という意味である。また、この語と同義で使われるMitmenschlichkeitは仲間（Mitmensh）から派生した言葉であり、人と人とが結びついている状態を指す。アドラーは、この共同体感覚は正常な成長における重要で決定的な要素であり、子どもの正常性のバロメータである、という。

罰による教育

伝統的な教育の方法は共同体感覚を育まない。まず、アドラーは罰による教育を否定する。アドラーは野心を十分示さない子どもたちの眠っている野心を十分にかきたてようと子どもに厳しくすることの弊害を説いている。このような方法では子どもは勇気をくじかれるだけである。悪い成績をつけられた子どもは、家庭で親にも罰せられる。教師に罰せられた子どもは学校にも、家庭にも自分の居場所がなくなってしまう。罰したり、子どもに恥をかかせたり、面目を失わせたりすることで行動を改善するよう影響を及ぼすことができるとは決して信じてはならない。

甘やかし

また、子どもを甘やかすことは、子どもたちの自己中心主義を助長する。甘やかしは、依存的な態度と、一人だけに執着する態度を助長する。最初の教育の誤りは、母親が子どもを自分だけに執着させることに起因するのである。甘やかす親を子どもは仲間と見なすかもしれないが、自分の課題をいつも肩代わりされてばかりいれば、やがて自分では課題を解決できないと思うようになる。

勇気づけ

以上のような誤りを、学校教育が是正しなければならない。そこで、アドラーは、一方で罰に代わって、道理に適った範囲という限定をつけた上で、「子どもを教育する最善の方法は、経験から学ばせることである」といい、他方、甘やかしの教育に代わって、勇気づけの教育を勧める。アドラーは次のようにいう。

「ほとんど聖なる義務といってもよい教師のもっとも重要な仕事は、どの子どもも学校で勇気をくじかれることがないように、そして、既に勇気をくじかれて学校に入る子どもが、学校と教師を通じて、再び自信を取り戻せるよう配慮することである」

困難は克服できない障害ではなく、それに立ち向かい征服する課題である。勇気づけは、課題に立ち向かっていけるという自信を持てるように援助することを意味するのである。

今回も翻訳の機会を与えてくださったアルテの市村敏明さんに感謝します。

二〇一四年八月十五日

岸見　一郎

◆著者

アルフレッド・アドラー（Alfred Adler）

1870年―1937年。オーストリアの精神科医。1902年からフロイトのウィーン精神分析協会の中核的メンバーとして活躍したが、1911年に学説上の対立から脱退した。フロイトと訣別後、自らの理論を個人心理学（Individualpsychologie, individual psychology）と呼び、全体論、目的論などを特色とする独自の理論を構築した。ナチズムの台頭に伴い、活動の拠点をアメリカに移し、精力的な講演、執筆活動を行ったが、講演旅行の途次、アバディーンで客死した。

◆訳者

岸見　一郎（きしみ　いちろう）

1956年、京都府生まれ。京都大学大学院文学研究科博士課程満期退学（西洋哲学史専攻）。専門はギリシア哲学、アドラー心理学。著書に『アドラーを読む』（アルテ）、訳書にアルフレッド・アドラーの『人生の意味の心理学』『個人心理学講義』『生きる意味を求めて』（以上アルテ）などがある。

子どもの教育〈新装版〉――アドラー・セレクション

2013年1月25日　初　版第1刷発行
2020年8月25日　新装版第1刷発行
2023年7月25日　新装版第2刷発行

著　者　アルフレッド・アドラー
訳　者　岸見　一郎
発行者　市村　敏明
発　行　株式会社　アルテ
〒170-0013　東京都豊島区東池袋2-62-8
BIGオフィスプラザ池袋11F
TEL.03(6868)6812　FAX.03(6730)1379
http://www.arte-book.com
発　売　株式会社　星雲社
（共同出版社・流通責任出版社）
〒112-0005　東京都文京区水道1-3-30
TEL.03(3868)3275　FAX.03(3868)6588
装　丁　Malpu Design（清水良洋＋高橋奈々）
印刷製本　シナノ書籍印刷株式会社

ISBN978-4-434-27854-9 C0011　Printed in Japan